Gert Heidenreich

Der Wetterpilot
Strafmündig

PROJEKT
Theater & Medien Verlag
Karolingerring 31
5000 Köln 1

Band 745

Zu diesem Buch

Claude R. Eatherly, der am 6. August 1945 als Aufklärer-Pilot das »Go ahead« für den nachfolgenden B-29-Bomber »Enola Gay« gegeben hatte, wurde Jahre später von der Frage gequält, ob er durch seine Wettermeldung Schuld am Atombombenabwurf auf Hiroshima trage. Heidenreichs Stück dokumentiert nicht – es zeigt vor exakt recherchiertem Hintergrund, wie die Verdrängung von Schuldgefühlen aus der Vergangenheit das Leben einer Familie in der Gegenwart vergiftet.
»Strafmündig« ist der siebzehnjährige Ted, der – ohne ersichtlichen Grund – seinen Vater erstochen hat. Die Sprachmauer, die er um sich errichtet, schottet ihn von den ratlos fragenden Erwachsenen ab. Er will nicht verfügbar sein im »Automatenrestaurant Bundesrepublik Deutschland«. Sein Drama entsteht aus einer Normalität, in der Sachzwänge den Menschen zur Sache hinabzwingen.
Sowohl »Strafmündig« als auch »Der Wetterpilot« sind mehrfach an bundesdeutschen und ausländischen Bühnen inszeniert worden. Beide Stücke wurden vom Autor für diese Ausgabe neu bearbeitet.

Gert Heidenreich, geboren 1944 in Eberswalde, lebt in Inning am Ammersee. Er veröffentlichte Theaterstücke, Romane, Essays und Lyrik, zuletzt den Erzählungsband »Die Gnade der späten Geburt« (1986) und den Gedichtband »Eisenväter« (1987), beide im Piper Verlag.

Gert Heidenreich

Der Wetterpilot
Strafmündig

Zwei Theaterstücke

Piper
München Zürich

Die Originalausgabe erschien 1984 in der Reihe
Theater Film Funk Fernsehen im
Fischer Taschenbuch Verlag GmbH, Frankfurt am Main.

ISBN 3-492-10745-1
Juni 1987
© R. Piper GmbH & Co. KG, München 1987
Aufführungs- und Senderechte:
PROJEKT Theater & Medien Verlag, Köln
Umschlag: Federico Luci,
unter Verwendung eines Photos des Süddeutschen Verlags
Photo Umschlagrückseite: Isolde Ohlbaum
Gesamtherstellung: Clausen & Bosse, Leck
Printed in Germany

Inhalt

Der Wetterpilot
Stück in fünf Akten 11
Anmerkungen 74
Auswahl-Bibliographie 75

Strafmündig
Stück in fünf Akten 81

Der Wetterpilot

Neufassung 1987

»Die Schriftsteller können nicht so schnell schreiben wie die Regierungen Krieg machen können: denn das Schreiben verlangt Denkarbeit«, schrieb Bertolt Brecht.
Während ich an diesem Stück arbeitete, erklärten die USA Europa zum Schlachtfeld des Atomkriegs; wurden Deutsche als die ersten Opfer eingeplant. Darum ist dieses Stück ein amerikanisches Stück, das im atomaren Gefechtsfeld Deutschland verfaßt wurde.
Die Arbeit des Schreibens dauerte nach Abschluß der Recherchen sechs Monate. In diesen sechs Monaten starben 7 900 000 – sieben Millionen neunhunderttausend – Kinder auf der Welt an Hunger oder an den Folgen des Hungers, weil für Rüstung das Geld ausgegeben wird, das zur Linderung des Hungers fehlt. Alle zwei Sekunden verursacht Rüstung den Hungertod eines Kindes. Täglich werden Verteidigungsminister zu Massenmördern.
Weil wir das wissen und es nicht ändern, handelt dieses Stück nicht von Fakten und Dokumenten, sondern von ihrer Verdrängung, von der Abschaffung der Schuld und vom Irrsinn, der zum Sachzwang erklärt worden ist.

Dieses Stück ist Günther Anders gewidmet.

Gert Heidenreich

Personen:

CONCETTA
RON SHEPARD
MA, seine Mutter
VANCE, sein Bruder
MATTIE, dessen Frau
BOYD, deren Sohn

Erster Akt

In der Bar ›Concettas Paradise‹, Houston/Texas, Nähe Sam Houston Park. Ein ungemütlicher, kalt beleuchteter Raum, wenige Tische zwischen Bänken mit hoher Lehne, eine Theke mit Kaffeemaschine, Kofferradio. Hinter der Theke die Tür zur Küche. Links die Tür zur Straße. Kein Verkehr.

Sonntagmorgen, der 2. Juli 1978.

Concetta, Mitte Dreißig, hat gerade die Kaffeemaschine eingestellt. Sie wischt die Tische ab, verteilt Aschenbecher. Sie schaltet das Radio ein, auf zwei Programmen Gottesdienste. Sie schaltet wieder ab.

Der einzige Gast: Ron Shepard, achtundfünfzig Jahre alt, ehemaliger Pilot der Air Force, dann Hilfswärter im Veteranenhospital von Waco/Texas. Übernächtigt, unrasiert, in einem altmodischen Sommer-Anzug, sitzt er an einem Tisch nah der Tür. Neben dem Tisch steht sein Koffer.

Ron hat eine Coke vor sich stehen, raucht eine Zigarre.

CONCETTA Suff und Zigarre. Das is' die übelste Mischung am Morgen, die ich kenne. Am besten wird sein, Sie qualmen das Ding vor der Tür zu Ende und kommen wieder rein, wenn Sie fertig sind. Bis dahin is' der Kaffee soweit, und wenn ich gut gelaunt bin, mach' ich 'n Sandwich.
RON Richtig dankbar wär' ich für'n schönen doppelten Bourbon ohne Wasser ohne Eis im schlichten Glas.
CONCETTA Keine Drinks früh am Morgen. Wenn Sie unbedingt um halb zehn anfangen müssen zu schlucken und nich' ma' am Sonntag 'ne Pause machen könn', dann gehn Sie die San-Jacinto runter und suchen jemand, der nett zu Ihnen is', und ich schwör' Ihnen, Sie werden froh sein, wenn Sie überhaupt 'ne offene Tür finden im Beton...

RON *drückt die Zigarre aus* Soll ja Gründe geben, daß man früh um zehn was braucht.
CONCETTA Gründe habt ihr jede Menge. Die Frau is' weg, der Job is' futsch, die Kinder sind im Knast, die Mutter is' gestorben.
RON Ich hab' mir die beiden letzten Nächte im St. Joseph's Hospital um die Ohren gehauen, wo'n Freund von mir an Krebs verreckt ist, und ich war bei ihm, bis der Arzt die Maschinen abgestellt hat...
CONCETTA Kenn' ich auch schon.
RON Viel Phantasie haben Sie wohl nicht?
CONCETTA Brauch' ich nich', ham meine Gäste...
RON 'n Engländer hat mal 'n Lied über meinen Freund geschrieben: »Wenn du tot bist, soll man dir 'n Zettel auf's Grab legen und drauf schreiben: Wir haben dich verstanden.«
Beide schweigen. Concetta geht in die Küche, Ron entnimmt seinem Koffer einen Waschbeutel, kramt einen elektrischen Rasierapparat heraus, sieht sich um nach einer Steckdose. Er findet eine in der Seitenwand in Bodennähe. Sie funktioniert nicht. Concetta kommt aus der Küche zurück mit einem Teller voll Käse-Sandwiches. Sie sieht Ron hilflos rumstehen.
CONCETTA Durch die Küche hinter der Tür links. Aber hinterlassen Sie 's so, wie Sie's vorfinden.
RON Was glauben Sie eigentlich? *Geht ab*
Concetta stellt den Teller auf den Tisch, an dem Ron gesessen hat. Sie überlegt. Dann holt sie hinter der Theke eine Plastiktischdecke hervor. Sie deckt den Tisch, zapft zwei Tassen Kaffee aus der Maschine, holt Milch und Zucker, bemüht sich, einen einigermaßen hübschen Kaffeetisch zu decken. Sie betrachtet ihr Werk, geht hinter die Theke zurück, gießt einen Whisky ein. Sie trinkt einen Schluck ab und stellt das Glas neben Rons Tasse.
Ron kommt zurück.
RON *leicht* Sieht ja aus wie am Sonntag. – Nicht viel Kundschaft?
CONCETTA Houston is' ne Wüste. Ich mach' sonntags auf, um die Behörden zu ärgern. Und weil ich schlecht schlafe.

RON Bob hatte 'n Schlaf wie ein Roß. *Greift nach dem Whisky*
Auf seine ewige Ruhe!
CONCETTA Sie ham ihn gern gehabt...
RON Er war mein Wärter. Oder war ich seiner? Wie man's nimmt...
CONCETTA Wer'n Sie gesucht? Ausgebrochen?
RON Denke nicht.
CONCETTA Wird Zeit, daß Sie sich vorstellen.
RON Ich? – Sagen wir: Claude Eatherly, Major der 509., aber nennen Sie mich einfach Bob, ohne Dienstgrad, verstehn Sie, hey, Bob, wie geht's dir?
CONCETTA Fünfhundertneunte?
RON Air Force.
CONCETTA Ham die neuerdings Wärter?
RON Wenn sie in Waco landen, haben sie Wärter. Sagt Ihnen nichts, was? Rote Backsteinhäuschen, zwei Stockwerke, hübsch verteilt im Grün. Zweitausend Mann, wenn die Klapsmühle voll ist, und sie ist fast immer voll.
CONCETTA Mein Gott, Soldaten-Stories... Wie ich die satt hab'!
RON Was glauben Sie, wie satt die Leute in Waco ihre Stories haben! Aber sie werden sie nicht los, das ist ihr Problem. Sie leben Tag für Tag mit ihrer Nahkampfscheiße im Kopf. Und nachts schreien sie. Die Ärzte sagen, wir sind verrückt, und weil wir verrückt sind, glaubt uns keiner. Aber wenn die Stories nicht wahr sind, wovon sind wir dann verrückt geworden, denn verrückt sind wir ja, sagen die Ärzte. Die Stories dürfen nicht wahr sein... Dafür gibt es die Backsteinhäuschen von Waco...
CONCETTA *nach kurzem Schweigen* Tut mir leid, so hatt' ich's nich' gemeint...
RON Vergessen Sie's! Schließlich ham Sie 'ne Bar und keine Kirche.
Er greift zu den Sandwiches, Concetta beobachtet ihn beim Essen.
CONCETTA Okay?
RON Wenn's in der Kirche solche Käsesandwiches und 'n guten Whisky gäb', würde ich sogar 'ne Predigt in Kauf neh-

men. Aber beichten tu ich nicht mal in ›Concettas Paradise‹...

CONCETTA *steht auf, geht zur Theke, beschäftigt sich ziellos* Was werden Sie jetzt machen? Zurück nach Waco?

RON *verneint* Runter an den Golf. Nach Galveston.

CONCETTA Zu Frau und Kindern...

RON Kleines weißes Haus, nicht weit vom Hafen, zwei Garagen, 'n großen Caddy und 'n kleinen Volks, sonntags kommen die Kinder mit ihrem Nachwuchs zu Besuch, und abends plaudert der glückliche Häuptling von seinen großen Zeiten bei der Air Force. Er lügt, wie alle Großväter lügen, und wie alle Enkel denken auch seine Enkel, er wär das dickste As seit Abraham Lincoln... Seh ich so aus?

CONCETTA Ihnen kann man's nich' recht machen.

RON Klar, ich bin verrückt...

CONCETTA Jedenfalls finden Sie an allem irgendwas Mieses, stimmt's? Erst der nette Trauerkloß, und dann setzen sie dir ihr Dreckleben auf die Theke, Concetta kann ja sehn, wie sie damit fertig wird, ein falsches Wort, und schon bist du schuld, daß die Welt im Arsch ist...

RON *steht auf* Langsam. Ich bin nicht in diese verdammte Bar gekommen, um mich aushorchen zu lassen, und schon gar nicht, um mir sagen zu lassen, daß ich ein mieser Kerl bin! Ich muß den Knall in meinem Kopf nicht suchen, ja?

CONCETTA *künstlich ruhig* Ich hab' ja gewußt, es is' nich' gut, morgens um zehn Whisky zu trinken... Besser, Sie gehn jetzt.

RON *setzt sich* Ich brauch' noch 'n Kaffee, ich hab' das Recht, noch 'n Kaffee zu bestellen.

CONCETTA Ich hab' das Recht, zu bedienen, wen ich will.

RON Entschuldigen Sie, Concetta.

Eine kurze Verlegenheit entsteht, Schweigen, dann nimmt Concetta seine Tasse und füllt sie an der Kaffeemaschine.
Ron zündet sich eine neue Zigarre an. Concetta bleibt an seinem Tisch stehen.

RON Stört Sie's?

CONCETTA *zündet sich eine Zigarette an* Würd' Sie's denn stören, wenn's mich stört?

RON Das ist eine holländische Masters-Zigarre. Ich hab' Ronnie

'n Kistchen davon mitgebracht... Verrückt, was? Du weißt, er liegt in den letzten Zügen, aber irgendwie gehst du nicht ins Krankenhaus, ohne was mitzubringen, also hab ich Masters-Zigarren gekauft, er war wild drauf, ich meine, ich war wild drauf. Ich glaube, er hat's nicht mal mehr gehört, als ich reinkam und sagte, ich hätte welche dabei. Vielleicht hat er mich gar nicht erkannt. Ich komme ins Zimmer und sage: »Nummer A 29-4-65 zur Stelle!« Es war wohl nicht so witzig, oder das Morphium hatte seinen Humor abgedreht, jedenfalls grinste er nicht wie früher, wenn ich sagte: »Nummer A Neunundzwanzig-Vier-Fünfundsechzig fertig zum Boxen!« Er boxte gern, müssen Sie wissen, und es gab für uns in der ganzen Klapsmühle keinen wichtigeren Raum als den Turnsaal. *Lacht* Ich bin am Anfang auf den Sandsack losgegangen wie ein Stier.
Er steht auf, geht zwischen Theke und Tisch auf und ab.
Ich nannte ihn »Little Boy« und drosch auf ihn ein, linke Grade, rechter Haken, wegducken...
Viele haben dem Sandsack einen Namen gegeben, die einen schlugen drauf und schrien »Pa!« oder »Hey, Bruder!«, und andere nannten ihn »McArthur« oder »Japse«, einer sagte immer leise »Hitler«. Und die Neuen, die wir später reinbekommen haben, die schrien »Gook« oder »Cong«, oder wenn sie Kennedy für'n Arschloch hielten, schrien sie »Kennedy«, und wenn sie Johnson nicht mochten, schrien sie »Johnson«...

CONCETTA Bob. Ich hab' schon jede Menge üble Geschichten gehört, und wenn's nich' so langweilig wär', tät ich sagen, mich kann nix mehr überraschen, aber irgendwas müßt ihr ja gemacht haben, wovon ihr durchgedreht seid...

RON In der Sonntagsschule lernst du: Töten is' schlecht. Und bei der Army lernst du: Töten is' richtig, und je mehr du killst, um so höher fällt der Orden aus und um so schneller kannst du nach Hause zu deinem Mädchen und zu deiner Mammie...

CONCETTA Hier kommt doch keiner wegen nix in die Klapsmühle. Aber wenn 'ne Bar für Sie nich' der richtige Ort zum Reden is', dann nehm' Sie in Gottes Namen das Salatbesteck und nageln 'n Kreuz über die Tür...

Ron geht zu einem anderen Tisch, setzt sich.
RON *monoton* Ich war eingesetzt im Europa-Theater, fünfunddreißigmal über Deutschland, wir gingen hoch und rüber und bombten Berlin und Düsseldorf. Soweit ich mich erinnern kann, war ich jedesmal voll bis obenhin, wenn's losging. Wenn ich davon geredet habe, hat Bob gesagt: »Aber du hast ›Little Boy‹ nicht geworfen«. »Was heißt das schon«, sagte ich, und er wiederholte nur »Ihr hattet keine Schuld«. Bei einem Einsatz war ich eine von tausendfünfhundert Maschinen, und auf dem Rückweg nach England teilte uns der Sender die Quoten mit, ich hör' noch heute die stolze Stimme von Lord Haw-Haw, wir hätten fünfundzwanzigtausend Leute erledigt. Ich weiß, daß ich beinah gekotzt hätte bei dem Gedanken, morgen zurückzufliegen und vielleicht fünfzigtausend zu erledigen... Aber Bob sagte nur: »Das wär' nichts gewesen«, er sagte wirklich, es wär' nichts. Er war festgemacht auf seinen Scheiß-Flug über Hiroshima und seine Scheiß-Rolle dabei...
CONCETTA Mit Ihnen kann einer wirklich durchdrehen, mal sind Sie der, und mal sind Sie'n andrer – Sie können die zwei Kaffee und das Sandwich zahlen, den Whisky schenk' ich Ihnen, war mein Fehler, und dann gehn Sie die McKinney runter zum Park, da gibt's schöne große Messingschilder von Psychiatern. Ich hab' es satt, daß ich für euch Typen den Seelendoktor spielen soll und dabei für dumm verkauft werde, ja? Ich hab' das Zeug über die Hiroshima-Leute auch gehört, einer ist im Kloster, der nächste hängt sich auf, und jetzt kommen Sie am Sonntagmorgen und wollen mir erzählen, Sie wären auch einer von denen oder keiner, und Sie wären in irgendeinem bescheuerten Veteranenhospital an Krebs verreckt, aber Whisky trinken Sie ganz lebendig, Mann! Okay, es geht mich nix an, ich bin damals ein Baby gewesen, ich hab' mit dieser Japsen-Scheiße nichts zu tun...
RON *steht auf, geht vor die Theke* Ihnen macht keiner einen Vorwurf, wirklich, ich bin der letzte, der irgend jemand einen Vorwurf machen könnte. Aber was Sie über die Leute gehört haben, die damals das Ding geschmissen haben – vergessen Sie's! Der Typ, der angeblich ins Kloster ging, ist

Direktor 'ner Schokoladenfabrik und kümmert sich friedlich um Pralinen und Weihnachtsmänner. Und der Kerl, der die Bombe über die Stadt geflogen und ausgelöst hat, sagt jedem, der's hören will, er hätte damals gute Arbeit geleistet und würde genau dasselbe wieder tun... Keiner von der ganzen Staffel hat Probleme, außer Bob Eatherly, und Bob hat wahrscheinlich von allen die geringste Schuld.
CONCETTA Okay, das kann ich glauben oder nicht.
RON Richtig, das können Sie glauben oder nicht, was wir glauben, ändert an der Sache nichts. Bob konnte zwei Sachen richtig: Poker und Flugzeuge fliegen. *Löst sich von der Theke* Weil er ein Pokerspieler war, hat er seine B-29 ›Straight Flush‹ genannt. Und weil er ein Spitzenpilot war, hat die Air Force ihn für die große Ehre ausgewählt, in Hiroshima dabei zu sein... Hat Bob sich geweigert? Nein, Bob ist als erster geflogen, vorneweg, zehntausend Meter hoch. Und als er über der Stadt war, sah er unter sich in der Wolkendecke ein wunderschönes großes Loch! Das zu finden, war seine Aufgabe, und, es zu melden, war sein Befehl. Also hat Bob zur nächsten Maschine durchgegeben: »Ziel eins frei« oder »Go ahead« oder irgendwas andres Erfreuliches an den Vogel 'ne Stunde hinter ihm, das war die B-29 von Colonel Tibbets, und Tibbets war kein Pokerspieler, er war ein sentimentaler Kerl, er hatte seine Maschine nach seiner Mutter benannt: ›Enola Gay‹... Tibbets hat Bobs Wettermeldung korrekt empfangen, und von da an war das Leben für zweihunderttausend Japse gelaufen...
CONCETTA Na und?
RON In Waco würde niemand fragen: Na und?
CONCETTA Keine Vorwürfe, ham Sie versprochen...
RON Es gibt Leute, die vertragen nicht, daß man ihnen keine Vorwürfe macht...
Ron setzt sich an den gedeckten Tisch. Concetta kommt hinter der Theke hervor.
CONCETTA Mein Gott Bob! Wenn Sie'n Loch in den Wolken gemeldet haben, was soll da schon groß sein? Es is' nich' gut, wenn man immer alles mit sich schleppt, was mal gewesen is' oder was sein könnte...

Wenn ich immer dran denken würde, daß morgen 'n Idiot hier reinkommen kann und mich abknallt, oder daß mich einer über'n Haufen fährt... Wenn ich immer da dran denken wollte... Mann, ich würd' den Laden verkaufen und das Geld irgendwo verjubeln, wo's schön is', und ich würd' mich den Teufel drum scheren, ob irgendeiner am Sonntagmorgen 'ne Tasse Kaffee kriegt!

RON Tun Sie's, 's das Beste, was Sie tun können.

CONCETTA Ich hab' hier jeden Nagel in der Wand verdient, und dieser Laden steht in der miesesten Stadt von ganz Texas, aber mir is' er gut genug. Wenn Sie wüßten, was Arbeiten heißt, dann wüßten Sie, daß man gar keine Zeit hat, dran zu denken, wer wann wo 'ne Bombe schmeißt oder was für Sorgen der Präsident hat. Er macht seinen Job, ich mach' meinen Job...

RON Alle machen ihren Job.

CONCETTA Was verdammt is' daran falsch!

RON An Ihrem Job ist nichts falsch, Concetta. Sie haben ja keinen Knopf unter der Theke, mit dem Sie die Welt in die Luft blasen können...

CONCETTA *erschöpft* Sie können einen weißgott verrückt machen.

RON Darüber sind schon ganz andre verrückt geworden, und manche ham's nicht mal gemerkt...

CONCETTA Scheiße!! Genau deswegen geh ich nich' in die Kirche, damit ich so'n Gesabber nich' hör'n muß, 's hat keinen Zweck, zurückzugucken, guck nach vorne, Concetta, hab' ich mir eingetrichtert.

»Das Leben ist eine Handvoll Kirschen, und sie warten drauf, von dir gegessen zu werden...«

RON *zitiert* »Denk immer dran: Die Welt ist eine Auster, und du kannst sie haben für ein Lied. Hör nicht auf, zu singen; hör nicht auf, zu lächeln; und wenn du lächelst, lächelt die Welt.«[1]

CONCETTA *setzt sich zu ihm* Du mußt was draus machen...

RON Hat mir der erste weiße Kittel, der mich in die Finger gekriegt hat, auch empfohlen. Oh, er hat gute Arbeit gemacht. Ich bekam meinen Stempel: »Battle Fatigue«... Kriegs-

müde bist du. So fängt es an. Und es endet in Waco. Sie attestieren dir: Schlachtenmüdigkeit. Das ist deine Krankheit... *Pause*
Was ist gesund?
Er schweigt kurz. Steht auf, geht, während er erzählt, unruhig den Raum ab. Natürlich war es seine Aufgabe, mich wieder kriegswach zu machen... Dafür nahm er mich und 'n paar andre müde Typen zu einer Rede mit von Brigadegeneral Leslie R. Groves, Oktober '45, und Groves sprach über die tolle Bombe und darüber, daß wir nicht zu befürchten brauchten, die Russen könnten jemals die Bombe machen...
Er sagte: »Sehen Sie, diese Leute können ja noch nicht einmal einen Jeep bauen...«[2] Und Groves mußte es schließlich wissen, er war ja der Chef der Bombe...

CONCETTA Hören Sie auf. Hör'n Sie sofort auf!
Ron schwingt sich auf die Theke, sitzt oben, baumelt mit den Beinen.
RON Selbstverständlich, Lady. Wie wär's, wenn wir uns über's Wetter unterhielten, ich meine nicht eine bestimmte Wetterlage über einer bestimmten Stadt, nur so über Regen und Wind...
CONCETTA *abgewandt* Ich hab' weißgott Mitleid mit Jungs wie euch, weißgott. Und ich geb' einem, der kaputt zurückgekommen is' von den Congs, immer 'n Gintonic aus umsonst, »Concetta«, sagt er, und ich sage »Klar«, und er kriegt seinen Gintonic, weil er 'n netter Junge is' – oder war, als er ging... Und er is'n Nichts, seit er zurück is'...
RON Ich kann mein Leben genauso gut für mich behalten.
CONCETTA 'n schlechtes Gewissen machen is' das Letzte, was ich leiden kann.
RON Gott, kein Schwein redet von Gewissen! Das ist es ja! Alles ist richtig, wie es ist, und alles war richtig, wie es war, darum wird alles richtig sein, wie es kommt... Ist es das, was Sie hören wollen?
Concetta wendet sich zu ihm um. Sie schweigt. Dann packt sie den auf dem Tisch liegenden Rasierapparat in die Tasche, die Tasche in den Koffer.

CONCETTA Ich hab' Ihren Rasierapparat in Ihren Waschbeutel gepackt, und den Waschbeutel in den Koffer, ich hab' nix gestohlen, ham Sie das gesehn? Gut. Und jetzt nehmen Sie Ihr Zeug, gehen durch die Tür, die McKinney rechts runter und die dritte links, das ist die La Branch, die stößt genau auf den Busbahnhof, und dort nehmen Sie irgendeinen Bus, nach Galveston runter oder nach Waco hoch, oder Sie warten dort, bis Ihnen irgend'n Nigger 'ne dreckige Karte von einem Hotel andreht, wo Sie warten können, bis Ihr Freund unter die Erde geschafft wird. Hier können Sie jedenfalls nich' bleiben.
RON Ich muß noch zahlen.
CONCETTA Sie ham mich prächtig unterhalten.
Ron springt von der Theke, nimmt seinen Koffer, geht an die Tür.
RON Wann geht der Bus nach Galveston?
Concetta schweigt.
CONCETTA *als Ron sich zum Gehen wendet* Erst wollt ihr die Größten sein, dann macht ihr Scheiße, und danach kommt ihr her und jammert, daß ihr Scheiße gemacht habt.
RON Richtig...
Er geht ab, schließt die Tür hinter sich. Concetta scheint nur langsam zu begreifen, daß er gegangen ist.
CONCETTA *geht rasch zur Tür, tritt hinaus*
Bob! Hey!
Sie kommt zurück, schließt die Tür. Langsam dringt von draußen Verkehrslärm herein, als wäre die Stadt jetzt erst belebt. Concetta tritt an den gedeckten Tisch, zündet sich eine Zigarette an, raucht einige Züge dicht hintereinander. Sie wendet sich ab vom Tisch, zur Theke.
Fest Mein Gott, hab' ich euch satt.

Zweiter Akt

Am Abend desselben Tages. Galveston / Texas

Die Bühne zeigt das salonartige Eßzimmer im Haus der Shepards. In der Mitte ein langer Eßtisch, links ein großer Schrank. Links vorn ein kleines Sofa. Möblierung und Architektur im »europäischen« Stil der zwanziger Jahre. Rückwärtig eine Tür, die zur Küche führt. Links eine Tür zum Hausflur. Rechts der um eine Stufe erhöhte Wintergarten, dessen hohe Glastür auf die Veranda hinaus und zum Garten führt. Im Wintergarten ein kleiner Tisch mit Korbsesseln. Von draußen fällt das letzte Tageslicht in den Raum, während des Aktes wird es draußen dunkel.

Die Lampen im Raum sind schon eingeschaltet. Der Tisch ist festlich gedeckt, Rons Platz an der einen Schmalseite mit Blumen verziert. Blumen auch auf dem Tisch im Wintergarten.
An der anderen Schmalseite des Tisches sitzt Ma in einem hölzernen Rollstuhl, einer Anfertigung im »Stil« des Mobiliars. Ma ist 82 Jahre alt; sie ist fast vollständig erblindet.
Mattie, ihre Schwiegertochter, 52, sitzt neben ihr am Tisch, sieht zum Wintergarten. Mattie trägt eine Schürze.
Vance, ihr Mann, steht im Wintergarten, sieht zur halb geöffneten Glastür hinaus. Er ist 59 Jahre alt, korpulent, ein mehrfach in sich geknickter Mann mit weichem Gang.
Boyd, der Sohn von Mattie und Vance, 23 Jahre, lümmelt sich schräg auf dem kleinen Sofa im Vordergrund. Er trägt die übliche Kluft: Jeans, Tennisschuhe, T-Shirt, darüber eine leichte hellblaue Baumwolljacke. Das Sofa ist viel zu kurz für ihn, seine Beine ragen weit über auf den Boden.

In einem entfernten Zimmer des Hauses liegt der Vater von Ron und Vance, er ist gelähmt, man rechnet mit seinem Tod. Sein Siechtum liegt auf der Stimmung des Hauses: Eine aus Rücksicht und Ärger gemischte Stille.

Die Familie wartet auf Ron; nach Beginn des Aktes ein langes Schweigen

MA Mattie?
MATTIE Ja, Ma?
MA Ist Vance hier?
MATTIE Er steht an der Verandatür...
MA *wendet den Kopf in die Richtung* Wenn du in den Garten starrst, wirst du Ronnie nicht entdecken, er kommt von der anderen Seite.
VANCE Ich hätte ihn abholen sollen. Der Bus muß längst da sein.
MA Du solltest dich darum kümmern, daß Boyd sich nicht auf dem Teppich lümmelt.
BOYD *leicht* Ich hab' doch Kinderstube, Großmama, 'n Jammer, daß du nich' sehn kannst, wie manierlich ich auf'm Sofa sitze, 'n Blumenstrauß in der Hand und 'n Lied auf den Lippen: »Bei uns bist du richtig, Onkel Ron, auch wenn du verrückt bist, weil dieses Haus sowieso mit Verrückten bestückt ist...«
MA Hat Vater alles?
MATTIE Ich habe sein Bett frisch gemacht, ich habe ihm ein neues Nachthemd angezogen, ich habe ihm sein Glas Milch auf den Nachttisch gestellt, ich habe seinen Rücken eingesalbt, und ich habe ihm seine Spritze gegeben. Es ist alles in Ordnung.
MA Er wollte unbedingt wach bleiben...
Mattie geht durch die Tür zur Küche ab.
VANCE Ich fahre vielleicht doch noch los... Kann ja sein, daß er sich verlaufen hat...
BOYD *äfft nach* Kann ja sein, daß er sich verlaufen hat... Mann, Onkel Ron ist hier aufgewachsen.
VANCE In vierzig Jahren kann man viel vergessen.
MA Ihr werdet alles vermeiden, was ihn aufregt. Ronnie findet seinen Weg allein...
VANCE Wenn er nicht verrückt wäre...
MA Das habe ich heute zum letzten Mal gehört!
VANCE *kommt langsam zum Tisch* Wenn es dein Wunsch ist,

Ma, werde ich kein Wort mehr über seine Krankheit verlieren...
MA In diesem Zimmer habe ich mich von ihm verabschiedet. In dieses Zimmer kehrt er zurück. Er hat tapfer gekämpft. Er hat viel gelitten.
VANCE Ma, wir werden einen zweiten Pflegefall im Haus haben. Noch mehr Arbeit, noch mehr Verantwortung... Mattie ist mit Vater ausgelastet, wer wird sich um Ron kümmern?
MA Er ist dein Bruder!
BOYD Ich kann ja 'n bißchen mit ihm spielen, Blindekuh oder was er sonst gern hat...
VANCE Es wäre das erste Mal, daß du dich für jemanden außer dir selbst interessierst.
MA Am Anfang braucht er Schonung. Später könntest du ihm einen Job bei der Bank besorgen, etwas Leichtes.
VANCE Er hat nichts gelernt außer Fliegen, und das ist vierzig Jahre her. Selbst wenn er etwas gelernt hätte: Unsre Bank ist ein Geldinstitut und keine Bewahranstalt für Veteranen.
MA Dir wird schon was einfallen.
Während der letzten Sätze ist Ron, durch die Verandatür kommend, im Wintergarten aufgetreten. Er blieb unbemerkt und hat die letzten Sätze noch gehört.
RON Verlang' nicht zuviel von ihm.
Ron stellt den Koffer ab.
MA Ronnie?
RON Ma...
MA Ich hab' dich nicht läuten gehört.
RON Ich bin durch den Garten gekommen wie immer, wenn ich zu spät war.
MA Komm her zu mir. *Ron kommt zu ihr an den Tisch.*
Nah. Nimm meine Hände... So ist es gut. Bist du sehr blaß?
RON 'n bißchen müde von der Fahrt.
MA *fühlt sein Gesicht mit den Fingern* Du hast ein paar Falten bekommen. Stehn sie dir gut? Ich habe mir vorzustellen versucht, wie du aussiehst. Ich konnte es nicht. Du warst

immer neunzehn und trugst eine Uniform. Nun umarme deinen Bruder.
Ron und Vance gehen aufeinander zu, zögern ungeschickt, geben sich die Hand.
Ihr umarmt euch?
VANCE Ja.
RON Er ist dicker als früher... *Wendet sich Boyd zu, der aufsteht* Und du bist Boyd? Fast hätte ich gesagt: Groß bist du geworden...
BOYD Hätt' ich auch erwartet.
RON Ich muß zugeben, ich war auf dich gespannt. Du hast sicher Besseres zu tun, widersprich nicht, ich in deinem Alter wäre nicht scharf drauf gewesen, einen alten Onkel zu begrüßen, der aus der Klapsmühle kommt. *Zu Vance* Wo liegt Pa?
Mattie ist während der letzten Sätze, aus der Küche kommend, aufgetreten.
MATTIE Er schläft.
RON *betrachtet sie stumm* Mattie... Ich hätte damals gewettet, es wird nichts mehr mit deiner Figur... Oh, ich hätte verloren, nicht wahr? Und ich? Sag schon, wie seh' ich aus? Du hast was andres erwartet... so einen, der nach Pisse riecht und den Speichel nicht im Mund halten kann, ja?
Mattie läuft auf ihn zu und umarmt ihn.
MA Ihr habt euch nicht umarmt, Vance? – Man kann eine Blinde belügen. Aber nicht die Mutter... Kommt zu Tisch, wir wollen essen.
Mattie geht in die Küche ab. Die übrigen setzen sich an den Tisch.
MA Dein Platz ist mir gegenüber, Ronnie, es müssen Blumen um deinen Teller liegen.
RON Sie sind da.
MA Du freust dich?
RON Du hast noch immer alles in der Hand, Ma. Boyd, würde's dir was ausmachen, dich neben mich zu setzen?
BOYD Ansteckend bist du nicht?
VANCE Laß dir erklären. Ma... Männer unseres Alters umarmen sich nicht einfach...

BOYD Ihr seid ja keine Italiener...
RON Wir haben uns brüderlich die Hand gereicht, Ma, und wir haben uns auch früher nicht umarmt, warum sollten wir's jetzt tun?
Mattie bringt das Essen.
MATTIE Filet Wellington, grüne Bohnen.
RON Das Rezept eines Kriegsherrn.
MA Laßt uns beten. Ich möchte, daß Ronnie uns heute das Gebet spricht.
RON *besinnt sich kurz, zitiert dann* »Allmächtiger Vater, der du hören wirst das Gebet derer, die dich lieben. Wir bitten dich: Sei mit jenen, welche sich in die Höhen deines Himmels wagen und die Schlacht zu unseren Feinden tragen. Schütze und schirme sie, darum bitten wir dich, während sie ihren Einsatz fliegen. Mögen sie genau wie wir wissen um deine Stärke und deine Kraft, und möge es ihnen gelingen, bewaffnet mit deiner Macht, diesen Krieg zu einem baldigen Ende zu bringen. Auf dich vertrauen wir, denn wir wissen uns geborgen in dir, jetzt und in Ewigkeit. Im Namen deines Sohnes Jesus Christus. Amen.«[3]
Schweigen. Ma sitzt wie versteinert. Mattie steht sehr langsam auf. Vance sieht konzentriert in seinen Teller. Leise beginnt Boyd zu kichern, wird lauter.
MA *über Boyds Lachen hinweg* Amen!
Mattie setzt sich schnell, als wäre sie ertappt worden. Boyd verschluckt sein Lachen.
VANCE Amen!
MA Hast du unser altes Tischgebet vergessen, wie Vater es immer sprach?
BOYD Er kann doch unmöglich unser altes Tischgebet vergessen haben, wie Großvater es immer sprach, oder könnte er es doch vergessen haben, was meinst du, Pa, du hast befürchtet, er könnte sich verlaufen, wäre ja auch möglich, daß er unser altes Tischgebet vergessen hat, wie Großvater es immer sprach...
MA Schneidest du das Fleisch, Vance?
RON *heiter* Im Gegenteil, mein Problem ist, daß ich nichts vergessen kann. »Gesegnet seien die Gaben des Herrn«, sagte

Vater damals, sogar seinen Tonfall höre ich krankhaft deutlich...

VANCE *das Fleisch tranchierend* Keiner hält dich für krank. Ich denke, es war eine deiner üblichen Geschmacklosigkeiten.

RON Auch dein Tonfall hat sich nicht im mindesten verändert... Du mußt es schräg schneiden, der Saft läuft aus, schräg zur Faser. Recht hast du, es ist ein krankes und geschmackloses Gebet! Wie zum Teufel bist du darauf gekommen, daß es ein krankes und geschmackloses Gebet ist? Mich hat Bob mit der Nase drauf stoßen müssen, wie verdammt krank und geschmacklos es ist! Gibst du mir Kartoffeln und Bohnen, Mattie? Es ist nicht meine Schuld, Ma, das Gebet ist nicht von mir, es stammt aus dem Mund eines echten Pfarrers, William Downey, er war Geistlicher bei der 509. Staffel der Air Force, ein tapferer und gottesfürchtiger Mann...

VANCE Es gibt keine 509...

RON Ma, könntest du Vance bitten, mich nicht zu korrigieren, du weißt, daß ich es immer gehaßt habe, und ich hasse es heute genauso wie früher.

MATTIE Bitte laß uns das Essen genießen, Ron, ich habe mir viel Mühe gegeben...

Mattie schneidet das Fleisch auf Ma's Teller klein. Vance öffnet eine Flasche Wein, geht um den Tisch und schenkt ein.

RON Bob ist tot. Bob war bei der 509. Bob kannte William Downey, Bob hat das Gebet mitgebetet, und ich lasse es nicht zu, daß man von Bob sagt, es hätte ihn nicht gegeben...

VANCE *bei Ron* Niemand kann alles wissen...

BOYD Um was geht's eigentlich?

RON Ein Märchen vom Frieden... Am sechsten August 1945 nachts um eins, auf der Insel Tinian, empfahl Downey seine Jungs und ihre Vögel dem Schutz des Herrn, und derart gesegnet starteten sie kurz drauf nach Hiroshima. Das Gebet schützte sie tatsächlich, es ist das beste Gebet, das ich kenne, du solltest es auswendig lernen, Ma!

Schweigen. Ma stochert, tief gebeugt über den Teller, im Es-

sen. Mattie ißt so gut wie nichts. Vance tut, als sei er ganz auf die Mahlzeit konzentriert. Der einzige, der genießt, ist Ron. Aus der bedrückten Stimmung heraus richtet sich Ma entschlossen auf.
MA Schön, daß du gefragt hast, wie es uns geht, Ronnie... Vater geht es nicht gut. Die Ärzte geben ihm eine Woche oder ein Jahr, sie wissen nichts, sein Rücken ist offen, Mattie gibt ihm die beste Pflege. Wir haben ihm versprochen: In eine Klinik kommt er nicht. Ich sitze an seinem Bett, wir reden über die vergangenen Jahre, ich erinnere ihn an seine Medikamente, manchmal beten wir.
Ich habe auch meine Schmerzen in der Hüfte, das Alter ist eine Schande, aber ich klage nicht, es geht uns besser als den meisten...
Als Dr. Ross mir schrieb, du seist geheilt! Kannst du verstehn, daß wir nur daran dachten, wann du wieder an diesem Tisch mit uns sitzen würdest? Er schrieb, es sei alles okay mit dir, und wir haben gewartet... Wir haben lange gewartet.
VANCE Ma, laß es ruhn...
Boyd steht leise auf, er will gehn.
MA Entschuldige... ich hatte mir fest vorgenommen, nicht zu weinen. – Du bleibst hier, Boyd!
BOYD *an der Tür zum Flur* Ich hab' noch was vor.
MA Du hast nie etwas vor, setz dich. *Boyd gehorcht* Ich habe nicht verstanden, warum du in dieser Anstalt bleiben wolltest. Warum mußtest du unbedingt Hilfswärter werden? Du hättest alles werden können, Vater hat auf dich gezählt... Es war für uns, als ob du noch immer im Krieg wärst.
RON Ja. So war es.
VANCE Es gab eine Menge zu tun hier.
RON Dort auch. Da konnte einer das Gebet von Reverend William Downey nicht vergessen, und er konnte Gott nicht vergeben, daß er das Gebet erhört hatte. Und das war nicht der einzige, der Hilfe brauchte...
MATTIE Du hast auf keinen der Briefe geantwortet. Du hast uns mitteilen lassen, du würdest wieder krank, wenn jemand dich besucht... – Vater wollte doch nur eine Erklärung finden...

VANCE Dann wurde er krank.
BOYD Nicht, daß Pa dir einen Vorwurf machen will, Onkel, nur, daß Großvater sterben wird, weil du nichts Ordentliches werden wolltest! Pa hat es nicht daran fehlen lassen, dich zu verfluchen, es ist ja nicht leicht, so einen wie dich zum Bruder zu haben, nicht wahr, leicht ist das nicht, Pa, du machst hier die Dreckarbeit, und Onkel Ron macht sich'n feines Leben in der Klapsmühle, bitte, ich kann mir kein Urteil erlauben, ich habe keinen Bruder, ich weiß nicht, wie das ist –
MATTIE Halt den Mund, Boyd!
Ma versucht aufzustehen, Mattie stützt sie.
MA Ich bitte euch um Christi willen... – ich glaube, ich habe mich auf keinen Tag in meinem Leben so gefreut wie auf diesen. Wenn Vater hier am Tisch säße, würde keiner von euch wagen, so zu sprechen. Trinkt mit mir auf mein Glück, zwei gute Söhne zu haben. Auf deine Gesundheit, Ronnie. Auf die Zukunft...
Bis auf Boyd stehen die anderen auf und heben ihre Gläser.
MATTIE Auf dich, Ma.
VANCE Willkommen, Ron.
BOYD *ohne sein Glas zu nehmen* Auf den Präsidenten.
Ma, Mattie und Vance setzen sich, Ron bleibt stehen.
RON Jetzt fühl' ich mich schon wieder wie der kleine Ronnie, dem du Knie und Ellbogen verpflastert hast, wenn Bill mich abgeworfen hatte. *Ma lacht* Mein Gott, Bill war ein tückisches Biest, aber ich war der glücklichste Junge auf der Welt, als Pa ihn aus Mexico mitbrachte und sagte: »Ron, das ist dein Pony.« War ich vierzehn? Als ich ihn unbedingt über'n Zaun springen lassen wollte und er mich abwarf rüber auf die Tompson Road neben die Mülltonnen von den Kosinskys... *Mattie kichert* Du hast mich mit Pflastern und Mullbinden zur halben Mumie gemacht, Ma. Das war das Schlimmste. Daß ich meine Wunden nicht zeigen durfte, und die konnten sich weißgott sehn lassen... Vater hat Bill verkauft, und ich heulte...
MA Ach, Vater hat immer verrückte Einfälle gehabt...
VANCE Dein Pony hat er verkauft. Aber deine Flugzeugmodelle durfte keiner anrühren bis auf den heutigen Tag.

RON *kurze Pause* Was soll das heißen?
MATTIE Vance meint, wir hätten dein Zimmer brauchen können, als wir herziehen mußten... Aber Vater hat drauf bestanden: An Rons Zimmer wird nichts verändert.
RON Ich habe mein Zimmer verlassen als dummer Lümmel, der zur Air Force ging! Es gibt diesen jungen Mann nicht mehr! Und wenn ihr ihn in dem verdammten Museum konserviert habt, werde ich ihn zum Teufel jagen.
Er geht zur Tür zum Flur, dreht sich um.
Ihr hattet kein Recht, das zu tun! *Ab*
MATTIE Vielleicht siehst du nach ihm, Boyd?
BOYD Er wird sich nicht aufhängen.
MA Keiner geht ihm nach. Er ist von dort aufgebrochen, und dahin muß er zurück.
VANCE Ma, deine Psychologie für die Hausfrau sieht solche Fälle nicht vor. Willst du die Verantwortung übernehmen?
MA Ich bin keins deiner Bankmädchen! Was für meinen Sohn richtig ist, weiß niemand so gut wie ich. Deine Aufgabe ist, ihm irgendwann einen Job zu besorgen, es ist das Einzige, was du für ihn tun kannst, und ich hoffe, daß du dazu nicht zu feige bist. Jetzt möchte ich zu Bett gehn, Mattie.
Mattie schiebt Ma im Rollstuhl aus dem Zimmer in den Flur.
Schweigen
Vance geht zum Schrank, entnimmt ihm eine Flasche Whisky, ein Glas, gießt sich ein.
BOYD Kinder brauchen von Zeit zu Zeit ihr Donnerwetter, Pa. Es war eben fällig... Wenn ich's richtig sehe, wirst du's an mich weitergeben, und da ich das gern vermeiden möchte, werde ich jetzt gehn... – Oder willst du, daß ich bleibe?
Boyd wartet ungewöhnlich lange auf eine Antwort. Dann geht er sehr langsam durch die Verandatür ab, und Vance trinkt sein Glas aus. Er gießt sich einen zweiten ein.
VANCE Bleib weg, damit sie merken, daß es dich gibt. Geh, hol dir einen Dachschaden, irgendeinen Krieg dafür wirst du schon finden, und ich verspreche dir, sie werden dich lieben, wie sie dich geliebt haben, als du ein Baby warst...
Während des letzten Satzes ist Ron, vom Flur kommend, aufgetreten. Er hat ein paar zerknüllte Flugzeug-Poster unter die

Arme gepreßt und trägt in beiden Händen viele Modelle von Kriegsflugzeugen des Zweiten Weltkriegs. Er kann die Pyramide der Modelle kaum halten, geht zum Tisch, häuft Modelle und Poster auf die Mitte zwischen die Schüsseln mit dem Essen.
RON Boyd wird zu alt sein, um mit dem Zeug spielen zu wollen?
VANCE Ich war schon lang dafür, es wegzuwerfen.
Ron geht zum Schrank, gießt sich einen Whisky ein, legt, als ob er bezahle, dafür ein paar Münzen auf das Bord.
RON Wie lang ist die Bar geöffnet?
VANCE Bis der alte Mann tot ist. Dann wird sie zehn Tage geschlossen...
RON Und du läßt dich in der Stadt vollaufen...
VANCE Du könntest dir das leisten, ich nicht.
RON Hat sich wenig geändert...
VANCE Ich war weißgott nicht scharf drauf, hier mein Leben zu verbringen.
RON Oh ja, es muß schon ein paar Jahre her sein, daß Ma mir schrieb, du hättest dich in deinem Job verschlechtert...
VANCE Hat sie auch geschrieben, wie gnädig meine Bank war, mir hier überhaupt was zu geben? Was es heißt, mit vierundfünfzig nochmal anzufangen? Und wie großartig es alle fanden, daß Mattie und ich hergezogen sind, damit die alten Leute nicht allein sind?
RON Ich habe dich grenzenlos bewundert.
VANCE Wir wissen doch beide, wer die Tausend-Dollar-Frage gewonnen hat... Du solltest der Held sein, und du bist es geworden...
RON Vater wollte keine Kriegshelden...
VANCE *deutet auf die Modelle* Wer hat dir das Zeug geschenkt? Der Weihnachtsmann? Es konnten doch gar nicht genug Flugzeugbilder an den Wänden hängen, und die Modelle konnten nicht teuer genug sein! Mein Gott, diese Abendmahlzeiten mit deinem Waffengeschwätz, wie du sie aufzählen und beschreiben konntest, Feuerkraft, Reichweite, Treffsicherheit...
RON Und wie du mich korrigieren konntest...
VANCE Ja. Ich habe dir die Kataloge geklaut und sie unter der

Bettdecke auswendig gelernt. Und mir war heiß vor Glück, wenn du dich geirrt hattest und ich die richtige Zahl sagen konnte...
RON Es tut mir leid. Ich war sehr dumm.
VANCE Was soll der Unsinn, nichts muß dir leid tun, du hattest recht. Ich an deiner Stelle hätte es genauso gemacht. Und ich wäre auch zur Air Force gegangen. Vielleicht wäre ich nicht verrückt geworden...
RON Vater war immer gegen Gewalt, du kannst nicht sagen, daß er uns in den Krieg geschickt hätte.
VANCE Ich sage nicht, daß er uns in den Krieg geschickt hat, ich sage, daß er alles tat, damit du in Flugzeugen fliegen konntest, und daß er alles tat, damit ich auf dem Boden blieb! Wie viele Ärzte mußten mich untersuchen, und was sie nicht alles fanden! Asthma und ein schwaches Herz und Plattfüße, mit einem Mal, als der Krieg begann, war ich ein Krüppel! Keiner dieser guten Freunde der Familie hat jemals dich untersucht... Ich weiß, ich war kein Baseball-Star, aber ich war genauso gesund wie du... – ich hatte bloß keine Flugzeugmodelle im Zimmer.
RON Es war nicht so toll in Europa...
VANCE Du weißt nicht, was es hieß, hier zu sein, wo's fast keine Jungs mehr gab. Was es hieß, Wohltätigkeitsveranstaltungen zu organisieren und Buttons zu verkaufen und den Kuchen vom Frauenverein unter die Leute zu bringen, während du in der Luft warst...
»Warum bist du hiergeblieben, Vance? Ach, du hast es am Herzen, armer Kerl! Und dein Bruder?«
Oh, Ronnie ist bei der Air Force und macht Nazistädte kaputt.
»Betest du denn auch, daß dein Bruder gesund zurückkommt?«
Ja, Mam, ich bete.
Verdammt, ich bete nicht...
»Mach dir nichts draus, Vance, du bist trotzdem ein guter Junge!«
Ich habe diese verdammten Jahre nur »trotzdem« gelebt!
RON Er konnte nicht uns beide zu Hause behalten.

VANCE Ich war der Ältere.
RON Vielleicht hoffte er, daß ich mehr Glück haben würde als du.
VANCE Er wollte seinen kleinen Helden. Er wollte sagen können: Der eine meiner Söhne kämpft draußen für die Freiheit, der andre kämpft hier für den Frieden... Immer vorn dran für die Werte der Nation. Flagge zeigen. Erst rechts, dann links. Du hast nicht mitgekriegt, wie er hier aufgetreten ist... Liga für Menschenrechte! Hilfsfonds für die Dritte Welt! Vietnam-Komitee! Berrigan-Solidaritäts-Komitee! Für Angela Davis... Daß die Direktion der Werft sich vor ihn gestellt hat, hielt er für einen Sieg des guten Amerika... *Lacht kurz* Sie haben ihn gebraucht, weil seine Patente in der Firma stecken... Oh ja, er hat die Fahne hochgehalten in Galveston, er ist von allen kleinen Männern dieser Stadt der größte geworden, so groß, daß Mattie und ich weggezogen sind aus Texas. Aber wie du siehst, er hat es geschafft, uns zurückzuholen. So menschlich sind diese menschlichen Ausschüsse nicht, daß sie sich um einen echten Pflegefall nebenan kümmern würden... Ich hab' verdammt gut verstanden, warum du in Waco geblieben bist.
RON Ihr pflegt ihn, und du haßt ihn dafür. Warum mußt du an ihm auch noch das verachten, wofür wir ihn lieben könnten?
VANCE Er hat immer nur ein Bild von sich selbst geliebt. Und er wußte, daß es eine häßliche Stelle hatte: Sein kleiner Held war verrückt geworden beim Kampf um die Freiheit...
Mattie ist schon vor einiger Zeit, vom Flur kommend, aufgetreten und in der Tür stehengeblieben. Ron und Vance hatten sie nicht bemerkt.
MATTIE Du hast Ma versprochen, das Wort nicht mehr zu benutzen.
VANCE *nach einem Blick zu Mattie, an Ron gerichtet* Man kann hier noch immer nichts sagen, ohne daß einen jemand korrigiert...
Schweigen. Mattie beginnt, das Geschirr auf dem Eßtisch zu-

sammenzustellen. Sie läßt die Flugzeugmodelle liegen, stellt Teller und Gläser auf ein Tablett.
MATTIE Wollt ihr keinen Nachtisch? *Schweigen* Ma wünscht euch eine gute Nacht. *Kleine Pause* Ist Boyd –?
VANCE *schnell* Ja, er ist weggegangen.
Mattie trägt das Tablett in die Küche.
Zu Ron Er wäre geblieben, wenn ich ihn darum gebeten hätte... – Hätte ich das tun sollen?
Ron schweigt. Mattie kommt zurück, räumt weiter zusammen.
Zu Ron Wir werden ja jetzt Zeit haben zu reden.
Ron nickt ihm zu. Vance geht zur Flurtür.
Freundlich, zu Ron Merk dir, was du träumst in der ersten Nacht!
Ab
RON Es geht in Erfüllung, nicht wahr?
Er hilft Mattie beim Aufräumen.
Immer derselbe Traum. Ich stehe in einem Fluß und versuche, eine Frau ans Ufer zu tragen.
Mattie hört auf zu arbeiten. Sie steht ruhig.
Da ist ein Hügel. Die Erde brennt. Der Körper der Frau, die ich trage, ist mit Tausenden von Glassplittern gespickt. Sie verblutet. Am Ufer steht ein Mann. Nackt. Obwohl es regnet. Er hält etwas in der offenen Hand. Es ist sein Augapfel.
Ron wendet sich ab vom Tisch.
Ich habe gehört, daß es diesen Mann und diese Frau gab.
Ich hab's von Bob gehört. Und auch er hat es nur gelesen und mir erzählt. Aber ich träume es. Verrückt, nicht? –
Ich kann dir Bob leider nicht mehr vorstellen, er war ein lustiger Typ, wir hatten eine gute Zeit zusammen in Waco.
Auf dem Weg her erfahre ich, daß er in Houston liegt, reiner Zufall, ich wollte wirklich nur kurz bei ihm vorbeischauen.
Er liegt da an Schläuchen, wie ein Astronaut. Wacht am zweiten Tag kurz auf, grinst, guck mal, Ron, sagt er, wie viele Maschinen ich in Gang halten muß, ohne mich ist das Zeug völlig nutzlos...
Von dem Augenblick an ist er wieder weggetreten... Ich bin dageblieben bis zum Schluß... – weiß nicht, ob's ihm was

genutzt hat. Im Oktober wär' er sechzig geworden, kein Alter für'n guten Piloten...
Mattie setzt sich. Sie schweigen.
MATTIE Warum bist du hergekommen.
RON Ich dachte, es wär' schön, mal wieder am Nachmittag auf der Veranda zu sitzen, die Orangenbäume im Garten, die Luft riecht nach dem Hafen... Nachzusehn, ob's den Holzschuppen noch gibt, wo wir geschmust haben... – bis Vance rausbekam, daß wir uns dort trafen. Er war damals schon ziemlich scharf auf dich, obwohl weißgott nichts dran war an dir. An mir auch nicht. Ich weiß, Vance hatte die breiteren Schultern, aber ich schrieb dir Liebesbriefe...
MATTIE Sie waren unanständig...
RON Ein bißchen gewagt vielleicht... Aufregend fand sie nur deine Tante: »Ich muß euch den Teufel austreiben!« *Lacht* Und dann zwang sie uns, die Zettel zu verbrennen...
MATTIE *lacht* Sie wird dafür in den Himmel gekommen sein...
RON Vance hat uns verpfiffen. – Ich wär' trotzdem bei eurer Hochzeit aufgetaucht, wenn mir Dr. Constantine nicht abgeraten hätte. Und als ihr Boyd getauft habt, hat mir Dr. Ross die Reise untersagt. Du siehst, ich hatte immer gute Gründe, nicht zu kommen...
MATTIE Ich konnte nie glauben, daß du so krank sein solltest. Die Air Force war das Größte für dich...
RON Manchmal haben wir fünfzigtausend in einer Nacht erledigt.
MATTIE Wie viele haben dasselbe gemacht...
RON Ich hatte Battle Fatigue!
MATTIE Und seither machen wieder Hunderttausende irgendwo dasselbe, weil sie Befehl dazu haben. Wenn sie alle krank würden, wär' die ganze Erde eine Klinik. Aber sie sind okay.
Schweigen
RON Zuerst ist es nur so, daß du trinkst, bei jedem Einsatz mehr. Wenn du zurück bist, ist dir schlecht, und du darfst sicher sein, es kommt vom Brandy und von nichts anderm. Du vertreibst dir die Zeit bis zum nächsten Angriff. Ich hab' Fliegen gefangen. Ich hab' sie gefangen, wenn sie vom Tisch

starteten, und ich konnte sie mitten im Flug aus der Luft fischen. Ich hab' sie zwischen Zeigefinger und Daumen an einem Flügel gehalten und sie mit dem Feuerzeug angezündet. –
Die Kameraden bewundern dich. Daß deine Fingerkuppen die Flamme aushalten. Du machst es ihnen nochmal vor, und nochmal, es tut dir nicht weh.
Wenn die Flamme an ihren Kopf kommt, zischt es leise, die Fliege krümmt sich zu einem kochenden Klumpen zusammen.
Nach ein paar Einsätzen will es keiner mehr sehen, sie geben dir den Spitznamen »Fliegenfreund«, aber es geht ihnen auf den Wecker, auch wenn du's nur so nebenher machst. Du hast es dir angewöhnt, du merkst gar nicht mehr, daß du's tust. Und sie werden ärgerlich, sie fangen an, dich zu hassen. Du weißt, wie das geht, wenn die Leute dich nicht leiden können. Sie lassen dich untersuchen, und man stellt fest, daß es nicht normal ist, was du machst. Du darfst mit ihnen Phosphorbomben auf Menschen schmeißen, aber du darfst keiner Fliege was zu leide tun...

MATTIE Davon stand nichts in den Papieren...

RON Sie wissen, was sie der Army schuldig sind. Ich hab' 'ne Menge Spezialtabletten gegen's Fliegenfangen geschluckt. Das Zeug hat geholfen... Ich hatte bloß das Gefühl, daß mein Kopf dauernd seine Größe verändert. Wenn ich mir die Haare zurückstrich, fühlte ich manchmal eine kleine Kugel in meiner Hand. Dann wieder reichten meine Hände nicht aus, meine Augen zu bedecken. Zuerst vermutete ich, meine Hände würden größer oder kleiner, und ich legte sie vor mich auf den Tisch und beobachtete sie. Aber sie blieben immer gleich. Also mußte es mein Kopf sein.

MATTIE Das ist vorbei, Ron. Du bist wieder in Ordnung...

RON *kurze Pause* Du hast recht. Ich bin wieder okay...

Er gießt sein Glas voll, gibt ihr einen Whisky.

MATTIE Auf dich.

RON Es ist sehr langweilig, auf sich selber zu trinken, und zweimal am Abend ist es doppelt langweilig...

Mattie lacht. Sie trinken. Mattie räumt den Rest des Geschirrs

auf das Tablett, trägt es in die Küche. Ron rafft die Flugzeugposter zusammen und läuft damit durch die Veranda-Tür nach draußen.
MATTIE *ruft aus der Küche* Möchtest du jetzt deinen Nachtisch?!
Von draußen fällt der Schein von Flammen in den Wintergarten. Mattie kommt aus der Küche, sieht erschrocken zur Veranda. Ron kehrt zurück, nimmt einige Flugzeugmodelle.
RON Hilf mir, das Zeug zu verbrennen!
MATTIE Auch die Modelle?
RON Alles.
MATTIE Wozu haben wir sie vierzig Jahre aufbewahrt?
RON Das mußt du Vater fragen, nicht mich.
Beide nehmen den Arm voll Flugzeuge, laufen hinaus. Einiges fällt auf dem Weg zu Boden. Boyd tritt durch die Flurtür auf. Mattie kommt aus dem Garten, kniet sich, sammelt vom Boden die Reste. Boyd stellt sich hinter sie, sieht ihr zu.
BOYD Was is'n hier passiert?
Mattie erschrickt, wendet sich um zu ihm, bleibt aber auf den Knien. Mit einem Mal sieht sie glücklich aus.
MATTIE *leicht* Wir treiben den Teufel aus.

Dritter Akt

Etwa fünf Monate später

Rons früheres Zimmer, ein langer schmaler Raum, von der Breitseite her einzusehen. In einer Ecke ein Couchtisch mit Sessel und Stehlampe. Ein Bett mit zerwühltem Bettzeug, ein schmaler Schrank. Am größten: der alte Schreibtisch unter dem Fenster, überladen mit Zeitungen, Büchern, Aufzeichnungen. Die Wand, neben Resten der abgerissenen Flugzeug-Poster, mit kleinen Zetteln gespickt: Notizen. Bücher auch am Boden. An der Innenseite der Tür – rechts – Fotos vom zerstörten Hiroshima.
Vor dem Fenster eine Lamellen-Jalousie, durch deren dünne Ritzen Tageslicht einfällt. Die Deckenlampe, die Stehlampe am Couchtisch, die Schreibtischlampe sind eingeschaltet.

Ron sieht stark verändert aus: fast verwahrlost, blaß. Über der Unterwäsche trägt er einen Hausmantel.
Er sitzt am Schreibtisch, »vergraben« zwischen den Büchern, macht Aufzeichnungen, füllt Zettel aus, heftet sie mit Nadeln an die Wand. Obwohl er sich langsam bewegt, fast mühsam, drükken seine Bewegungen etwas Gehetztes aus; wie jemand, der unter großem inneren Druck sich in äußerster Disziplin hält: nahe der Grenze zum Ausbruch.
Er hat nichts mehr von der gewissen Leichtigkeit zu Ende des zweiten Aktes.
Nach einigen Minuten stummen Spiels klopft jemand an der Tür. Ron wartet das zweite, stärkere Klopfen ab.

RON Wer?!
BOYD *draußen* Der Eismann!
   Ron geht zur Tür, öffnet, läßt Boyd ein, schaut nach draußen, schließt die Tür.
   Boyd trägt eine Tasche mit Büchern. Ron sieht ihm ins Gesicht.

RON Sehr komisch...
BOYD Den Jahrgang von der ›Waco News Tribune‹ muß sie bestellen. Und sie ist nicht sicher, ob sie ihn bekommt.
RON Schande. Ist sie dazu da, einen vom Lesen abzuhalten? Wie heißt sie überhaupt, laß es, du hast sie natürlich nicht gefragt, wenn du was für mich tun willst, fang was mit ihr an, auch wenn du nicht auf Bibliothekarinnen stehst, es gibt keinen bessern Weg, an die Bücher zu kommen.
BOYD *packt aus* Giovannitti, Compton, die Erinnerungen von Groves, das Tagebuch von Ha –?
RON Hachiya.
BOYD Japse?
RON Japse.
BOYD *liest von einem Zettel ab* Und ›Dark Star‹ und ›Drop Shot‹ mußt du Anfang der Woche zurückgeben.
RON Sie kann froh sein, wenn sie das Zeug überhaupt wiederbekommt. Hast du das Bild abziehen lassen?
Boyd gibt ihm die Vergrößerung eines Zeitungsfotos von Claude Eatherly. Ron nimmt es vorsichtig, befestigt es an der Wand vor seinem Schreibtisch.
RON Claude Robert Eatherly, sie haben dir verboten, schuldig zu sein. Aber es wird ihnen nichts nützen. Ich schwör's dir. *Kurze Pause* Was hältst du von ihm?
BOYD Sieht 'n bißchen schwach aus. Nich' grade 'n Pioniertyp, oder?
RON Weiter?
BOYD Also, ähnlich sieht er dir nicht.
RON Wir war'n nicht verheiratet. Du hast keinen schlechten Blick, wie'n Pappi sieht er nicht aus, obwohl er zwei Weiber hatte und 'ne Handvoll Kinder. Kannst du dir vorstellen, daß er'n Draufgänger war, 'n Abenteurer? Whiskyschmuggel? Waffengeschäfte?
BOYD 'n Angeber?
RON Seine Crew hat gesagt, ohne ihn wären sie längst abgeschmiert, er soll der Beste gewesen sein!
BOYD Seh ich nich', was so toll an ihm ist.
RON Er ist drüben. Oh, er hat Schiß davor gehabt, rüber zu gehn, er hat dran geglaubt, daß er den andern begegnen

wird, drüben... zweihunderttausend Japse... Die Haut in Fetzen vom Gesicht... von der Druckwelle mit Grashalmen gespickt, als ob aus ihrer Haut der Rasen wächst... die Körper aufgeplatzt wie nasses Papier... die meisten Asche oder nur noch Schatten... –
Der Blitz traf sie aus heiterem Himmel. Sie waren noch nie bombardiert worden...
Es war nicht meine Entscheidung, könnte Bob sagen. Die Städte, die als Ziele eingeplant waren, wurden schon ein Jahr vorher von Angriffen verschont, damit man die Wirkung der Explosion richtig beurteilen konnte, wir brauchten intakte Städte, »Virgin Targets« für die Bombe – so hatte die Projektleitung entschieden...
Vielleicht sind Kinder dabei, die vor ihrer Geburt im Leib der Mutter verkocht sind. Vielleicht sind sie noch sanft genug, ihn zu fragen: *An Boyd* »Warum warst du überhaupt dabei?«

BOYD Ich wär' nicht dabei gewesen.

RON Hab' ich dich gefragt?

BOYD Niemals würd' ich das tun...

RON So sicher bist du? Und hast noch nichts im Gesicht, und hast dich noch nie gegen irgendwas gewehrt...

BOYD Ich laß' mich nicht ein auf den Scheiß, und ich kenn' keinen, der sich einlassen würde auf so was... Mit uns werdet ihr's nich' machen...

RON Nur weil ihr nichts macht? Nur weil du denkst, es geht dich einen Dreck an? Glaubst du, ich hab' Flugzeugmodelle gesammelt, weil ich scharf drauf war, Leute zu killen? – Du fährst gern Motorrad, wer um Himmels willen gibt dir die Gewißheit, daß es dir nich' mehr Spaß machen würde, Panzer zu fahren und gut dabei zu werden und immer besser...

BOYD Ich hab' nich' den Ehrgeiz... Mich interessiert nix von dem Dreck, der in deinem Kopf rumspukt, oder was Pa für wichtig hält... Ihr habt uns nix übriggelassen, was interessant wär'...

RON Schlecht geht's dir nicht dabei...

BOYD Ich wohn' umsonst, das is' okay. Keine Verpflichtung. Schon gar nich', mich ausquetschen zu lassen von dir, in diesem Scheißzimmer. Ich bin oft hier drin gewesen und hab's immer ekelhaft gefunden... Als Onkel Ron so alt war wie du... Mann! Mir is' schlecht geworden. Aber jetzt hast du 'n Beichtstuhl draus gemacht, vergräbst dich, lockst mich in die Falle...

RON *kurze Pause* Amerika braucht dich... die freie Welt braucht dich... Der Sozialismus, die Multis, die Arbeiter... die Frauen und Kinder und Greise und Jesus brauchen dich. Oder 'n mageres Mädchen kriegt Sternaugen, wenn du zum ersten Mal in der Fliegeruniform auf Urlaub kommst...
Du hast keine Ahnung, wofür du anfällig bist. Das rauszufinden, dafür gibt's Spezialisten, und die besten hat die Army. Auch die Jungs von der 509. waren nur stolz, daß man grade sie ausgewählt hatte... Keine Feindflüge mehr. Und auf 'ner warmen Insel Abwürfe üben mit'm Betonkürbis[4] für was Neues, von dem sie nicht wußten, was es sein würde... an's Killen hat keiner gedacht... Brandy und Poker und 'ne gute Zeit. – – Bob war dabei, weil er ein guter Pilot war. Einer der besten. Er hätte selbst gern die Bombe geworfen, und er war stocksauer, als er auch bei der zweiten auf Nagasaki nicht dran kam. Aber er war vorgesehen für die dritte. Und er hätte sie geworfen.
Sie haben die dritte Bombe nicht rechtzeitig gehabt, und nur durch diesen Zufall ist Bob der Wetterpilot geblieben...
Es hat 'ne Menge Zufälle gebraucht, bis er kapiert hat, was es für 'ne Schuld is', 'n Loch in der Wolkendecke zu melden... Aber er hat es kapiert... Und er hat alles versucht, damit möglichst jeder es kapiert... Da war er fällig für Waco. –
Glaubst du, sie werden ihm drüben ein anständiges Urteil geben?

BOYD Keiner hat mir gesagt, was mit dir los is'. Pa redet von deiner Krankheit und hat dabei diesen Ton, wie wenn er mich anmacht, daß ich endlich 'n anständigen Beruf brauche. Und Ma kriegt ihr stilles Gesicht bei deinem Namen. Bloß keiner hat gesagt, daß du auf'm Jenseits-Trip bist und daß sie dich in der Anstalt auf Kirche getrimmt haben.

RON Von mir aus kann die Kirche zur Hölle fahren, ich brauch'

keine Engel, um mich dreckig zu fühlen. Es reicht, wie du da sitzt mit offenem Mund und von nichts weißt und nichts wissen willst, während sie dich längst in die Opferstatistik einrechnen... Du könntest wenigstens irgendeine Bemerkung machen, die so klingt, als wolltest du was erfahren oder hättest dir was gedacht! Irgendwas, das zeigt, daß du gelebt hast, bevor du krepierst. Hast du in deinem Leben jemals was unternommen, das entfernt die Ähnlichkeit mit einer Tat hatte, meinetwegen einer schlechten?
BOYD Ich höre Pa...
RON Ja, du hörst Vance, du hörst dieses und jenes, nichts davon paßt dir, aber du machst dir auch nichts passend, Mann, du wirst vor Langeweile eingehen, bevor die Generäle dich und deine Langeweile und den ganzen Globus in die Luft gejagt haben, und du wirst keine Zeit haben, auszurufen: Na endlich mal ein Ereignis!
BOYD Was hast du für'n Recht, auf mir rumzuhacken. Du sagst, ich soll dir Bücher bringen, und ich bring' dir Bücher, und lass' mich in der Bibliothek anquatschen, für was ich das Zeug brauche und daß sie registrieren müssen, wer so'n Zeug liest, und ich lass' mich registrieren... Was geht dich meine Langeweile an, ich sorg' wenigstens dafür, daß du dich nicht langweilst.
RON Tatsächlich, das tust du. Schleppst mir den ganzen verdammten Krieg ins Haus und bringst die Bücher an, als wären's Nachschlagewerke über Gemüseanbau. Weißt du, was ich hier lese?
BOYD Ich denke, du bist ein Spinner, Onkel Ron.
RON Und du tust das für mich, weil du Spinner okay findest...
BOYD Möglich...
RON Wird Zeit, daß du die Spinner dort entdeckst, wo sie sitzen... Bist du gut im Rechnen? 15000 Atomsprengköpfe, 'ne Sprengkraft, wie eine Million sechshunderttausend »Little Boys« von Hiroshima.[5]
BOYD Schwachsinn.
RON Sonst fällt dir nichts ein?
BOYD Ich sitz nicht am Drücker...
RON Keine Phantasie... In Hiroshima sind an der Bombe und

ihren Folgen zweihunderttausend Leute draufgegangen. Berechne, für wie viele die Bomben heute ausreichen. Versuch's nicht, ich sag's dir: Dreihundertzwanzig Milliarden Tote. Natürlich gackern die Generäle, könnten mehr sein oder auch weniger, sie werden dir mit Einsatzbedingungen kommen, Besiedlungsdichte, dem Wetter, der Landschaft...
Ich lasse einen Rabatt von zwanzig Milliarden, bleiben dreihundert Milliarden Opfer.
Leider verfügt unsre Erde aber nur über runde fünf Milliarden. Und wir haben doch schon Giftgas für zwanzigtausend Milliarden gelagert...[6]
Du siehst: Wir müssen dringend im Weltraum nach anderen bewohnten Planeten Ausschau halten. Wir brauchen alles in allem noch zwanzigtausendzweihundertfünfundneunzig Milliarden Opfer, wenn nicht alles verschwendet gewesen sein soll, das gute Geld, die schöne Wissenschaft...
Die Spinner wollten die Bombe »Thin Man« nennen, nach Roosevelt, aber das Ding paßte nicht in den Bauch der B-29, sie mußten die Konstruktion verkürzen, also bekam sie den Namen »Little Boy«, und die zweite nannten sie »Fat Man«, nach Churchill... Oh, sie sind Komiker und am richtigen Platz. Verrückt sind sie nicht. Truman hat zwar gesagt, drei Viertel seiner Generäle hätten eigentlich in die Klapsmühle gehört... aber ich bete dafür, daß Waco und alle Klapsmühlen frei bleiben für die paar Vernünftigen, die's noch gibt....
Er geht langsam zur Tür. Ich vergeude meine Zeit an dich, und deine Mutter steht vor der Tür rum, statt mir das Essen reinzubringen...
Er reißt die Tür auf. Mattie steht wirklich davor. Sie erschrickt.
MATTIE Ich wollte dich grade fragen –
RON Ja, ich habe Hunger.
Boyd lacht kurz, geht an Mattie vorbei, sieht sie kurz an und schüttelt den Kopf. Er schließt hinter sich die Tür. Ron setzt sich an seinen Schreibtisch, mit dem Rücken zu Mattie.
MATTIE Hältst du's für richtig, dem Jungen das alles zu erzählen?

RON Du hast Angst um Boyd...
MATTIE Ich steh' nicht an der Tür, um dich auszuhorchen.
RON Ich habe Angst um uns alle.
MATTIE *vor dem Foto von Eatherly* Ist er das?
RON Sieh ihn nicht an. Er ist ein Sünder.
  Schweigen
MATTIE *bittend* Ich hab' die Kraft nicht mehr... Ich kann nicht mehr gegen deine Bücher ankämpfen und gegen deinen Bob, ich weiß nicht, womit, ich weiß nicht, wozu...
RON Die Welt, Mattie, es sind nicht die Bücher...
MATTIE Du warst glücklich. Wir haben deine Flugzeuge verbrannt, du hast gelacht und mich umarmt, du hast die ganze Flasche ausgetrunken, du hast in den Himmel gerufen: »Der Teufel ist tot!« Und du hast mit Boyd getanzt auf der Wiese... Wir waren froh!
  Ich bitte dich nicht für mich. Was immer deine Gründe sind – an Pa könntest du wenigstens denken. Er hat nicht mehr viel Zeit.
RON Bist du gekommen, um mir zu sagen, daß ich ein schlechter Sohn bin? Was weißt du von Pa... Du drehst ihn, wechselst das Laken, du wäschst ihn, reibst ihn ein, schiebst ihm die Schüssel unter und gibst ihm seine Spritzen. Du bist eine liebevolle Schwiegertochter.
  Ich könnte's nicht. Ich ekle mich schon bei dem Gedanken. Aber ich setze mich sonntags an sein Bett und spiele seinen Priester!
MATTIE Er liebt dich. Vance hätte es vielleicht mehr verdient.
RON Er sagt mir nicht, daß er mich liebt. Alles, was er will, ist meine Bestätigung. Er hat das Leben eines guten Amerikaners gelebt und wird sein Land als das beste der Welt hinterlassen. Ziemlich abscheulich, wie er sich rechtfertigt... Ich muß ihm vom Krieg erzählen, von Waco. Er drauf, was wir alles für den Frieden getan haben.
MATTIE Der Krieg hat ihn nicht beschäftigt, bevor du kamst...
RON Habt ihr ihn gefragt? Ihm zugehört? Er wollte schon beim ersten Mal nach 'ner halben Stunde von mir die Generalabsolution für sich und alle Pappis... Er kennt den Punkt, warum ich sie ihm nicht geben kann.

»Ich bin Pazifist, mein Junge, das wissen alle, aber wir hatten keine andere Wahl...« Dann die üblichen Märchen: »Ronnie, es war damals sehr schwierig...« Nichts war schwierig. Pa, die Japsen waren am Ende.
Wir haben die Bombe geworfen, weil wir sie hatten. Sie hatte zwei Milliarden Dollar gekostet, der Kongreß wollte wissen, wo das Geld hingekommen war.
Und Nagasaki war dran, weil wir beweisen wollten, daß die Plutonium-Bombe genauso prächtig knallt wie die Uran-Bombe von Hiroshima... Die kühl kalkulierte Endlösung unter dem Deckmäntelchen des Krieges... »Du verlangst nicht, daß ich das glaube«, sagt er. Nein, Pa, es ist nur die Wahrheit: Ein Experiment von Massenmördern. Glauben mußt du das nicht...
Seither kein Sonntag ohne die Rechtfertigungsscheiße.
MATTIE Er weiß, daß er keine Zukunft hat...
RON Begreifst du nicht?! Es geht um unsere Zukunft, die Greise reißen sie mit sich hinab, dafür haben sie sich die Mittel geschaffen...
MATTIE Du nimmst ihm seine Vergangenheit.
RON Es hält ihn am Leben.
MATTIE Welches Recht hast du, so unerbittlich zu sein?
RON Er hat ein Recht darauf, daß wenigstens einer zu ihm ehrlich ist.
MATTIE Deine Ehrlichkeit widert mich an! Er hat sich immer Vorwürfe gemacht, daß er dich in den Krieg geschickt hat, und er will von dir nur hören, daß es nicht anders ging! Aber du kannst dich nicht überwinden, ihm diesen kleinen Trost zu geben... Alles im Namen der Menschlichkeit? Du wirst es schaffen, daß er ganz und gar verzweifelt stirbt.
RON Ohne Lügen.
MATTIE Ohne Stolz...
Die Tür wird aufgestoßen. Ma, im Rollstuhl von Boyd geschoben. Auf ihrem Schoß einige Anzüge.
RON Ma, ich habe darum gebeten, daß niemand in dieses Zimmer kommt, wenn ich es nicht ausdrücklich wünsche! Restricted Area! Es ist gesetzwidrig, das Gelände ohne Erlaubnis des Stations-Kommandanten zu betreten...

MA *locker* Es tut mir leid, Ronnie, aber wir haben morgen einen Bazar für die Armen, und ich muß wissen, welche von Vaters Anzügen wir behalten für dich und was wir weggeben können. Es dauert nicht lang, du bist doch dafür, den Armen was zu geben? Alles können wir nicht geben, du hast Vaters Statur, du brauchst Anzüge, irgendwann mußt du schließlich unter Menschen gehen.
RON Er ist noch nicht tot...
MA Natürlich ist er nicht tot, was redest du für einen Unsinn, er ist mager geworden, nichts paßt ihm mehr. Sei nicht störrisch. Zeig ihm die Sachen, Boyd.
RON *übertrieben* Aber selbstverständlich, Ma, wenn es dein Wunsch ist!
Mit großer Geste fegt er Bücher und Zeitungen vom Schreibtisch.
Platz für Verkleidung, bitte sehr! Boyd, die Anzüge! Und danach die Sintflut.
Boyd breitet die Anzüge auf dem Tisch aus. Ron spielt damit.
Feines Tuch. Vom besten Schneider. Wenn schon ohne Hoffnung, dann wenigstens mit Stil!
Er zieht den Hausmantel aus, steht in T-Shirt und halblangen Unterhosen.
Den Schwarzen zuerst? Ich werde ihn brauchen können!
MA Sandfarbe! Sandfarbe müßte dir prächtig stehen, Vater hat ihn gern getragen.
Ron zieht ein hellbraunes Jackett an.
MA Wie fühlst du dich? Wie sitzt er, Mattie? Sagt mir denn keiner was? Komm her, Ronnie. *Sie fühlt das Jackett* Ja, das ist der Sandfarbene, ist er nicht herrlich weich? Was ist mit den Hosen? Zu lang, Mattie?
Ron zieht die Hosen an. Sie sind zu kurz.
Kosinskys haben uns eingeladen zu ihrer Weihnachtsparty, du solltest den Weißen auch probieren, wenn er nicht doch zu leicht ist, der Hellblaue wäre richtig, sind die Hosen okay?
MATTIE Wir werden sie ein Stück auslassen müssen, kein Problem.
MA Du hast doch Lust, zu den Kosinskys zu gehen?
RON Ich kann's gar nicht erwarten, Ma.

MA Du müßtest Stephen heute sehn, er war auch im Krieg, hatte ich dir nicht geschrieben, daß er Frankreich befreit hat? Er ist im Weizengeschäft, mein Gott, was war er für ein dürrer Junge, und – wann war es, Mattie? War es nicht vor zwei Jahren, als er mich umarmt hat? Und er ist wirklich mächtig fett geworden, der kleine Stephen. Du müßtest ihm natürlich erklären, warum wir keine Party zu deinem Empfang gemacht haben, es lag nicht an uns...

MATTIE Stephen würde dich gern sehen, wir könnten alle zusammen hingehn, auch seine Kinder werden da sein.

Boyd, der sich ein Buch genommen und sich damit auf das Bett gelegt hatte, richtet sich auf.

BOYD Du solltest daran denken, daß sein ältester Sohn nicht da sein wird. Und daß Stephen Kosinsky nach dem dritten Whisky von nichts anderm redet, als davon, daß er nich' mal weiß, wo sein Sohn verreckt is' 1967... und daß er dann weitersäuft und heult und seine ganze Familie und sich und sein Leben zum Teufel wünscht.

Boyd hat das sehr ruhig gesagt. Ebenso ruhig legt er sich wieder zurück auf das Bett und liest weiter.

MA Vielleicht ist es nicht gut, wenn du alle auf einmal triffst. Ihr könntet erst mal mit dem Boot rausfahren am Samstag und fischen, das täte dir gut, die See, die frische Luft, du hast dir nicht mal das Boot angesehen, und ich glaube, du wärst erstaunt, wie der Hafen jetzt –

RON *unterbricht sie, er redet ihren letzten Halbsatz lang gegen sie an, bevor sie verstummt* Ich werde nicht auf Stephens Party gehen, Ma, und ich werde nicht mit Vance zum Fischen fahren. Ich habe hier zu tun, es is' 'ne Menge Arbeit.

MA Glaub mir, Ronnie, es ist nicht gut, wenn ein junger Mensch sich an die Vergangenheit hängt.

RON *lacht* Ich habe vierzig Jahre gebraucht, um einzusehen, daß es nicht erlaubt ist, zu sagen: Das war, das ist, das wird sein. Meine Gegenwart beginnt mit Bobs Geschichte...

Hinter der Bühne Rufe des Vaters. Mattie horcht. Die Rufe gehen in Schreie über.

MATTIE Die Schmerzen kommen in immer kürzeren Abständen...

MA Gib ihm, was er braucht...
Mattie geht ab. Ron zieht sich um, er probiert den hellblauen Anzug.
Ich werde mich nicht damit abfinden, daß du für einen toten Fremden mehr Anteilnahme aufbringst als für deine Eltern. Es gibt auch eine Pflicht uns gegenüber.
RON Es geht nicht allein um Bob.
MA Wir haben von diesem Major Eatherly gehört, wenig Gutes... Er ist gewiß ein armer, kranker Mensch gewesen, aber er hat nichts anderes zustande gebracht als ein paar Einbrüche und Überfälle, er hat sogar hier in unserer Stadt kleine Geschäftsleute bedroht... Ist das jetzt dein Vorbild?
RON *kommt zu ihr* Er hatte sich hierher verkrochen, Ma, er wollte nichts als seine Ruhe. Aber dann hat ein Typ, der früher Propaganda für McCarthy gemacht hat, ein Buch über Bob geschrieben.
MA *befühlt den Stoff* Der Hellblaue? Fühlst du dich gut? Vater hat ihn leider selten getragen, ist es nicht sogar Seide?
RON Er hat ihn zu einer lächerlichen Figur gemacht, zu einem Lügner und Scharlatan, und Bob hat das Buch gelesen, er ist auf die Straße gegangen und hat mit einer kaputten Spielzeugpistole ein paar Dollar erpreßt...
MA Sieh dich im Spiegel an, Ronnie, hier war doch ein Spiegel, nein?
Ron dreht sich vor dem Bild Eatherlys, als wäre es ein Spiegel.
RON Ja, hier ist ein Spiegel, Ma, und ich sehe mich... Warum, glaubst du, hatte die Air Force so großes Interesse daran, daß ich nie verknackt wurde, sondern immer nur eingeliefert in Waco? Dreizehnmal! Angeblich freiwillig, aber wenn ich ausgerissen bin, wurde ich von der Polizei zurückgebracht. Sie haben mich in Ward 10 isoliert, und Ward 10, Ma, ist die Abteilung für Tobsüchtige! Sie haben mich für normal erklärt, wenn ich mehr Rente wollte, aber für verrückt, wenn ich öffentlich gegen die Bombe geredet habe! Und wenn ich für euch schon nicht zum Vorbild tauge, dann laßt mich wenigstens gelten als Legende... Vielleicht ist sie wichtiger als die Wahrheit...

MA *kurze Pause* Du hast wirklich längere Beine als Vater? Ich hätte eher gedacht, daß du etwas kleiner bist... Du solltest den Leinenhut dazu tragen. War nicht ein heller Hut dabei, Boyd?

BOYD Es sind jede Menge Hüte draußen, Großmama...

MA Ach, sei so gut...

Boyd erhebt sich lustlos und geht nach draußen.

RON Weißgott, du bist stur wie eine Schildkröte...

MA Ist Boyd draußen?

RON Ja.

MA Sag mir, was du noch zu sagen hast...

RON Bob hatte einen Briefwechsel mit einem Schriftsteller in Wien... das wurde bekannt... bis nach Japan. So ist Bob für die Herrschaften in Washington zum Risiko geworden. Sie mußten ihn öffentlich vernichten. Das war leicht, er ist nun mal kein schneeweißer Märtyrer am Kreuz der Nation... Aber er ist der einzige von der 509. Staffel, der wenigstens versucht hat, seine Schuld zu finden...

Boyd kehrt zurück. Auf seinem Kopf balanciert er einen Stapel ineinandergesteckter Hüte.

... Das solltest du wissen, bevor du mich verurteilst.

MA Dich? Wie käme ich dazu, dich zu verurteilen? Du hast nichts zu schaffen mit diesem Mann.

RON Ich war sein Wärter, und ich war sein Freund...

MA Wir wollten den Krieg nicht. Die Shepards hatten nie etwas mit der Atombombe zu tun.

BOYD *heiter* Das ist wahr, Großmama! Du bringst es auf den Punkt... vielleicht haben wir was nachzuholen? *Er legt die Hüte auf dem Tisch ab* Zu lange im Paradies gelebt? *Er küßt Ma* Ich geh freiwillig... *Ab*

MA Boyd! Es ist nicht die Wahrheit!

RON Das weißt du genau.

MA *unsicher* Sind es nicht kommunistische Bücher, die du liest?

Ron bricht in hysterisches Gelächter aus.

RON Ist es das, was dir Sorgen macht, entweder krank oder kommunistisch? Du bist nicht achtzig Jahre alt geworden, um diesen Unsinn zu glauben!

Er sucht im folgenden Bücher vom Boden und häuft sie ihr auf den Schoß.
Erinnerungen unserer Präsidenten und Generäle und Physiker, Untersuchungen, für die unsere Universitäten den Doktorgrad verliehen haben, faß die Bücher an, wieg sie in der Hand, das sind Bobs Briefe, und ich will verdammt sein, wenn du auch nur einen kommunistischen Satz darin findest!

MA *bedrängt* Nimm sie weg! Warum lädst du dieses Gewicht auf dich. Gott hat uns vergeben, wir hätten sonst nicht überlebt. Was aber der Herr vergeben hat, soll der Mensch nicht aufrühren. Die Sünden anderer auf dich nehmen, das ist vermessen... wir werden dadurch keine besseren Menschen...

RON Ich finde mich nicht ab... Mich tröstet nicht, daß fünfundzwanzig Hiroshima-Girls hier Schönheits-Operationen für ihre verbrannten Gesichter bekommen... Es reicht mir nicht, daß ein paar Eierköpfe, die das Ding gebaut haben, gegen den Einsatz protestieren... Alles, was in mir lebendig ist, was du mich gelehrt hast, woran ich glaube – alles empört sich!

MA *kurze Pause* Früher bist du zu mir gekommen. Du legtest deinen Kopf in meinen Schoß und warst ruhig. Abgehetzt und verschwitzt vom Spielen, aber bei mir warst du ruhig... Unser Garten ist der schönste, hast du gesagt. Und ich habe gesagt: Ja, es gibt keinen besseren Platz auf der Welt...

RON *kurze Pause* Das war ein anderes Zeitalter.

MA Nichts ändert sich so schnell, daß du nicht doch noch einmal glücklich werden könntest mit Gottes Hilfe.

RON Du willst nichts wissen. Vor lauter Angst.

MA Es ist nicht freundlich, einer Blinden vorzuwerfen, daß sie zu wenig gelesen hat.

Mattie kehrt zurück, ohne daß Ron sie bemerkt. Er nimmt Ma die Bücher vom Schoß.

RON Weißgott, deine Blindheit ist dir wichtiger geworden, als dein Leben, Ma...

MA *laut* Hat er den Leinenhut probiert, Mattie? Es muß ein paar Fotos von Vater geben mit dem Leinenhut...

MATTIE *lügt* Ja. Ron sieht prächtig aus damit, fast noch besser als Vater, er sieht richtig toll aus...

MA Weiß muß er tragen! Weiß in der Sonne stehen. Das strahlt nach innen, glaubt mir! Vater trug seinen weißen Anzug, als wir in Europa waren, wir haben Paris gemacht und Rom und Venedig, oh, es regnete in Venedig, und dein Vater sagte: »Ist mir egal, ob es regnet, ich gehe im weißen Anzug und Strohhut durch die Stadt!« Wir traten vor's Hotel, und, was soll ich dir sagen? Der Himmel riß auf, und wir hatten einen strahlenden Tag! Vater war überzeugt, daß er es bewirkt hatte. Wer sagt, daß nicht ein Zauber auf dem Anzug liegt?!

RON *resigniert* Okay, Ma. Der Anzug wird mir nicht austreiben können, was ich weiß...

Er zieht den weißen Anzug an.

Ich suche verzweifelt, aber ich finde keinen verläßlichen Grund, warum wir das Zeug nicht wieder anwenden sollten, einfach, weil es da ist. Wir üben doch dauernd. Ist es zumutbar, von uns zu erwarten, daß wir niemals anwenden, was wir gelernt haben?

Mattie setzt ihm den Strohhut auf. Er ist nun ganz weiß gekleidet.

MATTIE Ich habe keine Angst. Keiner wird sich eine solche Schuld aufladen.

RON Richtig... Computer errechnen den Kriegsfall, Computer bestimmen den Angriff. Dazwischen gibt es ein paar Minuten Zeit für Menschen. Aber den Krieg führen wir nicht... schuldig wird keiner mehr.

Er »spiegelt« sich wieder im Bild von Eatherly.

Kann man Computern ein Gewissen programmieren? Wir haben den größten Schritt seit der Erfindung des Rades getan... Wir haben die Schuld abgeschafft.

MA *gütig* Sei beruhigt, mein Junge, das geht nicht. Das kann nicht einmal Gott... Fahr mich raus, Mattie. Ich möchte eine Viertelstunde auf der Veranda sitzen...

MATTIE Es ist kühl draußen.

MA Das wird gut tun. Komm mit in den Garten, Ronnie.

Ron beginnt, die Bücher und Zeitschriften vom Boden aufzuheben und auf dem Tisch zu ordnen.

Ich hätte dir so gern geholfen.

RON Du kannst es, Ma. Laß dich auf die Straße rausfahren, ruf deine Freundinnen, trommelt die Nachbarn zusammen, schreit alle, daß ihr es satt habt, schreit laut, schreit so lange, bis alle in allen Städten der Welt auf den Straßen sind und fordern, daß der Irrsinn verschrottet wird! Und hört endlich auf, Steuern zu zahlen für euren Tod!

MA *lachend* Ich auf die Straße?! – – Als du klein warst, hast du verlangt, ich sollte mit dir Football spielen, das ging noch halbwegs... Aber auf der Straße schreien...

RON Warum nicht du? Und wer denn, wenn nicht du!

MA Fahr los, Mattie! Nicht weiter als bis zur Veranda! – Ausgerechnet ich! Deine blinde, lahme Ma soll die Welt ändern!

Mattie fährt die lachende Ma hinaus.

RON *nachrufend* Nichts weniger als das! Bevor wir in den Bunkern geröstet werden! Du wirst nicht mal evakuiert! Deine Wiederverwendbarkeit ist gleich null!

Er wendet sich dem Bild von Eatherly zu.

Leise Gras wird bleiben... Kadaver... Insekten... Alle Engel verbrannt...Der Himmel schwarz von Fliegen...

In komischer ›Hoffnung‹ Überlebt?

Ron könnte wieder in Übung kommen, so, aus der Luft... vielleicht fünfzehn in der Minute? Verlang nicht zuviel von ihm, Bob... Fangen, an den Flügeln fassen, verbrennen... das braucht seine Zeit...

Er wendet sich von dem Bild ab, setzt sich auf den Schreibtisch.

Die Seuchen kriegt er sowieso nicht in den Griff...

Aber zehn vielleicht, für den Anfang. Langsam steigern auf zwölf... das wär' schon was! In der Stunde... sechs- bis siebenhundert. Eine Schule gründen für Fliegenfänger? Ron wäre beliebt... *Belustigt* Er hätte Macht...

Kurze Pause

Oh! Du fragst, womit er sein Feuerzeug nachfüllen will... Daran wird es scheitern... Schade. Ich war meine letzte Hoffnung.

Vierter Akt

Drei Monate später, März 1979, Mittag
Hitze. Das große Eßzimmer wie im zweiten Akt. Von der Veranda her Sonnenlicht im Wintergarten. Dort steht der Rollstuhl von Ma. Die Verandatür offen
Ungewöhnlich viele Blumensträuße im Zimmer verteilt. Vance, im schwarzen Anzug, betritt vom Flur her das Eßzimmer, geht zum Schrank, gießt sich einen Whisky ein, stellt die Flasche zurück, trinkt, trägt das Glas in die Küche, tritt wieder auf, holt den Rollstuhl und schiebt ihn durch die Flurtür aus dem Zimmer.
Ron und Boyd treten durch die Verandatür auf. Beide in dunklen Anzügen. Ron mit schwarzem Hut; er trägt das Jackett über der Schulter. Boyd hat Jackett- und Hemdsärmel hochgeschoben.
Boyd redet schon im Garten, kurz bevor er die Bühne betritt.

BOYD Er hat's nich' mehr drauf wie früher... Ich mußte dran denken, wie er damals gepredigt hat, als wir'n Müllfahrer von hier unter die Erde brachten. Der Mann hieß im ganzen Viertel die »Hyäne«, und Großmama fand, es wär' unsre Pflicht, daß wir dabei sind... Stellt der Prediger sich ans Grab und erzählt uns 'ne Hungergeschichte aus Afrika, und ich denke noch: Aha, wir ham zuviel in den Müll geschmissen... 'n paar Nonnen hatten da 'n Lager eingerichtet, wo die Leute hinkommen konnten und was zu fressen kriegten. Weil manche aber nich' bis zum Lager kamen, sind die Töchter Jesu morgens mit ihr'm Jeep die Gegend abgefahr'n und ham die liegengebliebenen Leute eingesammelt. Einmal ham sie 'ne Frau gefunden, die hatte's auch nich' bis zum Lager geschafft. Sie war schwanger. Unterwegs hatte sie ihr Kind geboren mitten im Busch. Und dann war's aus mit ihr. Wie nun die Mädels mit ihrem Jeep hinkommen, finden sie die Frau völlig abgefressen, bis auf die Knochen... Hyänen. Aber was hatten die Viecher mit dem Baby gemacht, war die Frage...

Nun, sie hatten das Baby sauber geleckt und 'n Stück von der toten Mutter weg unter'n Busch geschubst, und da lag's auch quicklebendig im Schatten...
Er hat die Geschichte gebracht, daß wir alle so klein waren... Ich dachte: Mann, von dem laß ich mich auch 'ma begraben...

RON Wahrscheinlich wird's keinen geben, der für dich 'ne Feier ausrichtet.

BOYD Hoff' ich. Lieber verreck' ich irgendwo auf See, wo mich keiner findet. Fischfutter, das 'n ehrlicher Abgang. Aus und weg auf 'ne saubere Art.

RON Seit wann interessierst du dich für Sauberkeit? Und sich auch noch als Fischfutter nützlich machen? Boyd Shepard, ich sage dir eine bürgerliche Zukunft voraus.
Boyd lacht laut, setzt sich an den kleinen Tisch im Wintergarten.
Ma, in Trauerkleidung, starkes Make-up, wird von Mattie im Rollstuhl vom Flur her ins Zimmer gefahren.

MA Schon wieder was zu lachen?

RON Wir sprachen von Boyds Tod, so weit davon is' es noch komisch...
Kurze Pause.

MA *wischt sich das Gesicht mit einem Taschentuch* Jeder hat nur drauf gewartet, daß er wieder weg kann...

MATTIE Sie haben getrauert, Ma, aufrichtig.

MA Der Schweiß ist ihnen in die Augen gelaufen... Oh, vielleicht haben sie auch geweint, die Rede des Predigers war wirklich zum Heulen... Weshalb erkundigt er sich vorher nach Vaters Leben, wenn dann dieser Mist rauskommt, es war schändlich...

BOYD Ganz meine Meinung, schändlich...

MA Ich möchte jetzt einen schönen doppelten Cognac, Mattie.

MATTIE Ma, du weißt, es ist Gift für deine Gelenke...

MA Ich weiß es! Einen doppelten Cognac! Soll sich der Himmel um meine Gelenke kümmern!

BOYD Nun gib ihr schon, was sie will...
Mattie geht zum Schrank, gießt einen Cognac ein.

MA Warum hat man noch keine klimatisierten Friedhöfe erfunden? *Nimmt das Glas entgegen* Auf den Tod!
Vance hat, vom Flur kommend, das Zimmer betreten.
VANCE Du solltest auf das Leben trinken, Ma.
MA Oh ja! Warum verscharren wir nicht die Witwen gleich mit? *Lacht*
BOYD Hey, was is' los, Großmama? Das war 'n würdiges Begräbnis mit allem drum und dran. Ham wir was falsch gemacht?
MA Raus. – Geht raus! Alle!
VANCE Ich versteh', daß du allein sein möchtest. Aber ich glaube nicht, daß es jetzt gut für dich ist...
MA War ich nicht deutlich genug?
MATTIE *kurze Pause* Ich auch?
MA Dich werde ich rufen, wenn ich mich hinlegen will. Gebe Gott, daß es ein langer Mittagsschlaf wird.
Mattie, Vance, Boyd und Ron gehen.
MA Ronnie, du bleibst hier.
Ron bleibt an der Tür stehen, schließt sie.
Sind sie draußen?
RON Ja.
MA *lacht* Sie werden denken, ich möchte mit dir über das Testament reden...
RON Niemand denkt über das Testament nach.
MA Sie haben nichts anderes im Kopf. Vater hat seine Anteile aus den Patenten auf dich überschrieben. Vance und Mattie bekommen das Haus, mich bekommen sie auch...
RON Ich bin nicht scharf auf die Patente.
MA Ich habe deinen Vater im Jahr 1918 geheiratet. Der Erste Weltkrieg war gerade zwei Wochen vorbei.
RON Vance kann mit Geld umgehen, Ma, ich kann es nicht...
MA Ich habe ihn nicht geliebt, ich wußte nicht, was das ist. Aber er verdiente meine Achtung. Ein Jahr darauf habe ich Vance zur Welt gebracht, und wieder ein Jahr später dich. Möglich, daß ich glücklich war, ich weiß es nicht mehr. Heute, nach sechzig Jahren, kann ich um euren Vater nicht trauern... Er sah gut aus. Und er war, wie er alle Welt merken ließ, ungeheuer engagiert... Er hatte seine Finger über-

all drin, wo man sie sich verbrennen kann... aber er hat sie sich nie verbrannt. Durchschaut hat ihn keiner... Eine herrliche Auster, die dir eine Perle verspricht. – War aber keine drin... Er konnte mit seiner Schale klappern wie ein Tänzer mit Castagnetten...
Ich habe meine Achtung für ihn verloren, aber ich hab' mitgespielt... für Vance und dich... Anfangs haben mich auch seine... seine Damen wütend gemacht. *Lacht* Beim ersten Mal wollte ich mich umbringen, und euch mit... Später hab' ich zu zählen und dann zu fragen aufgehört. Er wußte seine Reisen einzurichten, und wenn er hier war, gingen wir sonntags Arm in Arm in die Kirche, wie alle guten Ehepaare dieser Stadt...
Später zeigte er mir, wo überall in Europa er schon gut gegessen hatte...
Als er krank wurde, war ich wütend. Ich hatte eine unendliche Wut. Und ich ekelte mich. Am Anfang hätte ich ihn noch pflegen können. Aber ich konnte ihn nicht anfassen, ohne daß sich mir der Magen umdrehte...
Darum mußten Vance und Mattie herziehen und mir helfen.
RON Wissen sie's?
MA Ich habe gebetet, daß mein Mund verschlossen bleiben möge. Aber ich dachte, jetzt darf es heraus...
RON Damit ich es verschweige?
MA Ich darf also noch immer nicht reden?
RON Ma. Es mag sein, daß er ein mieser Kerl war, der dir dein Leben versaut hat. Das tut mir leid. Für dich und für ihn. Aber es geht nicht um mein Leben und deins und Vaters...
MA Das Leben... Was erzählst du mir vom Leben... Eine ekelhafte Zeit. Dabei ging es uns gut. *Pause*
Es war unerträglich! Immer das Gegenteil von den Reden, die er hielt...
RON Deshalb muß a l l e s mit hinab? Auch das, was noch nicht ist... Da ist Vater mir lieber.
MA Ich habe all die Jahre nach dem Krieg gedacht: Gut, daß du in Waco bist. Er hat keinen Einfluß auf dich. Ja, ich habe mich damit getröstet... Aber du kannst nicht sagen, daß ich nicht alles getan hätte, dir deinen Vater zu erhalten...

RON Um ihn jetzt zu zerstören.
Pause
MA Du mußtest erst geheilt werden.
RON *lacht* Zweimal am Tag Thorazin[7], damit dein Gewissen stillhält... Ich war nicht in Waco, um geheilt zu werden. Ich war dort, weil ich etwas begriffen hatte...
MA Natürlich. Du sehnst dich danach, daß wir so handeln, wie wir reden. Und weil es nicht so ist, bist du krank geworden. Oh, glaub nicht, daß ich nicht wüßte, wie es ist, daran krank zu werden, Ronnie...
RON Ich bin nicht deinetwegen gekommen. Und ich bin nicht zu dir gekommen, Ma.
MA Erzähl jetzt keine Geschichten, ich bin ehrlich zu dir gewesen...
RON Ich bin ehrlich zu dir.
MA *leicht* Ist es nicht grauenhaft, wie ehrlich wir sind? – Laß gut sein...
RON Ich bin wegen Bob nach Houston gefahren.
MA Houston lag auf dem Weg, du erzählst mir nichts Neues, ich glaube, Mattie sollte mich jetzt ins Bett bringen, ohne meinen Mittagsschlaf bin ich abends einfach ungenießbar, findest du mich nicht auch ungenießbar, wenn ich mittags –
RON *unterbricht ruhig* Es lag nicht auf dem Weg. Sie hatten mir in Waco erzählt, daß es mit ihm zu Ende ging.
MA Du hast nicht wegen einem Schwindler das Hospital verlassen...
RON Ich habe von ihm gelernt, das Leben zu achten, und ich war der einzige, der ihn begleitet hat am Schluß...
MA Du wußtest nicht, daß du schon in Waco zu mir aufgebrochen bist...
RON Nein, Ma. Es war Bob. Nicht Vater, nicht du... Es war Bob.
Sie schweigen.
MA *klein* Hättest du mir das nicht verschweigen können?
Ron zündet sich eine Zigarre an. Er geht langsam in den Wintergarten, zur Verandatür. Er steht da, wo Vance zu Beginn des zweiten Aktes gestanden hat.
MA Wo bist du?

RON Ich seh' in den Garten.
MA Ob du endlich heimkommst...
RON Was?
Pause
MA Du rauchst?
RON Ja.
MA Du bist neunzehn und trägst eine Uniform.
RON Nein, Ma. Ich will leben.
MA Würdest du bitte Mattie Bescheid sagen... ich möchte schlafen.
Ron geht an ihr vorbei, bleibt stehen.
RON Ich kann's nicht erklären, Ma.
Er geht durch die Tür zum Flur ab. Ma bleibt lange allein auf der Bühne.
Mattie tritt auf, stellt sich hinter Ma's Stuhl.
MATTIE Vance hat wie ein großer Bruder den Arm um Ronnies Schultern gelegt, und so sind sie in den Garten gegangen... *Kleine Pause* Vielleicht fahren sie nochmal und sehn, daß mit dem Grab alles in Ordnung geht.
MA Ich hab's ihm gesagt...
MATTIE Du weißt, wie Vance ist. Wenn er's nicht selbst kontrolliert hat, glaubt er nicht, daß gute Arbeit gemacht wird.
MA Ich habe ihm alles erzählt. Von Anfang an. Es hat nicht viel Eindruck auf ihn gemacht, glaube ich...
MATTIE *schiebt den Rollstuhl hinaus* Vielleicht machst du's nicht mehr so überzeugend wie früher... Keine Sorge, wir kümmern uns um ihn...
Beide ab, zugleich tritt Boyd, aus der Küche kommend, auf.
BOYD Gute Ruhe, Großmama!
Er geht zur Verandatür, ruft hinaus.
Pa! Ich fahr' mit dem Boot raus! – Mit dem Boot! Für 'ne Stunde. Okay?!
Er geht schnell durch die Tür zum Flur ab. Vance betritt von der Veranda her das Zimmer, nach ihm Ron.
VANCE Unglaublich.
RON Er wird's schon nicht versenken.
VANCE Was ist in den Jungen gefahren? Ich hab's ihm tausendmal angeboten! »Nimm dir das Schiff, lad' deine Freunde

ein, bleibt draußen – wenn's das Wetter zuläßt, über Nacht, du mußt den Sonnenaufgang sehen im Golf!« – Du hättest ihm genauso gut anbieten können, den Rasen zu schneiden...
Vance geht zum Schrank, gießt sich einen Whisky ein.
RON Gibst du mir einen aus?
VANCE Bedien' dich... es ist deins so gut wie meins. Du wirst irgendwas anfangen müssen. Jetzt hast du deine Chance, also pack sie und mach was draus! Und wenn du Hamburger verkaufst, irgendwie muß es ja weitergehn...
RON Sag bloß, das wär' dir angenehm... »Dein Bruder, was macht er?« Oh, kennen Sie nicht ›Ronnies Ketchup‹ am Yachthafen? Das ist mein Bruder... Mach dir nichts vor, das Mindeste für dich wär'n Anlageberater, im blauen Blazer... Wer traut schon 'nem Aktientip von 'nem Irren... Das Beste wär', ich verdrück' mich. Weit. Nach Europa. »Ach ja? Was macht dein Bruder in Europa?« Oh, er kam am Reisebüro vorbei und las: »Buchen Sie Ihren Europa-Trip, solange es Europa noch gibt.« Jetzt ist er drüben und hetzt die Europäer auf, daß sie ein verdammtes Recht darauf hätten, den amerikanischen Präsidenten mitwählen zu dürfen...
VANCE Leicht machst du mir's nicht...
RON Nicht meine Aufgabe.
VANCE Ich vergesse immer wieder, daß du das harte Training eines Helden hinter dir hast... Solchen Leuten darf man nicht mit Alltags-Geschäften kommen...
Sie schweigen.
RON Sein Tod hat dich verdammt cool gelassen...
VANCE Du warst doch überzeugt, daß ich drauf warte.
RON Ja.
VANCE Hat sie dir nicht erzählt, was für ein Scheißkerl er gewesen ist?
RON Sie redet nicht schlecht über ihn...
VANCE Ach? Hat sie nicht gesagt, daß er mit seiner Austernschale klappern konnte wie mit Castagnetten? Und daß keine Perle war in dem ganzen Mann? Ich bin sicher, sie hat dir das und nichts anderes gesagt... Du bist ihm immer näher gewesen als ich. Nur pflegen wolltest du ihn nicht...

Ich habe mehr für ihn getan, als man verlangen darf... – Allerdings kann ich keine großen Reden schwingen über den miesen Zustand der Welt. Ich kann bloß Geld verdienen, eine Familie durchbringen und mich mit den Alltagsnöten von Leuten rumschlagen, die den vierten Kredit brauchen... Ein Leben, das du in fünf Minuten ausführlich erzählen kannst... Das ist natürlich nichts für Menschen von deiner Art und von Vaters Art. Zuwenig Hokuspokus.

RON Ich bewundere, wie du so mitten im Leben stehst... Keine Frage, du würdest die Arche Noah bauen, ich nicht, und du würdest deine Mannschaft sicher rüber bringen. Nur eins stört mich, Vance: Du willst nicht begreifen, daß es nicht ausreicht, den Alltag in Schwung zu halten – es wird keine Arche Noah geben...
Mattie tritt aus der Küche auf. Sie trägt ein Tablett mit Kaffeegeschirr, stellt es auf dem Tisch ab.

MATTIE Kaffee?

VANCE *noch zu Ron* Jeder tut das, was er kann.

RON Ja. Die einen richten das Leben ein, und die andern üben den Tod. Die den Tod üben, haben die Macht. Du hast sie nicht.

VANCE Schön, daß du das einsiehst. *Zu Mattie* Schläft Ma?

MATTIE Sie hat nicht mal 'ne Tablette gebraucht. *Kleine Pause* Hat Boyd gesagt, wann er wiederkommt?

VANCE Er ist nur für 'ne Stunde mit dem Boot raus.

MATTIE *verblüfft* Mit dem Boot? – Warum nimmt er dann Gepäck mit? Ich hab' ihn vom Fenster oben gesehen, er hat mir zugewinkt. Er hat seinen Seesack auf's Motorrad gepackt...
Vance ist einen Augenblick erstarrt, läuft dann aus dem Zimmer in den Flur.
Kurzes Schweigen zwischen Ron und Mattie.

RON Boyd ist weg, Mattie.

MATTIE Weg?

RON Ja, weg. Er ist weg.

MATTIE Was heißt weg? Wie lange... wohin... warum?

RON Weg heißt weg... Laß ihm die Chance.
Vance kommt zurück.

VANCE Die Bootsschlüssel sind hier...

MATTIE Er muß doch irgendwas gesagt haben. Was er vorhat. Wo er hin will...
RON Er hat nichts vor.
VANCE *zu Ron* Du warst dabei, als er sagte, er fährt mit dem Boot raus für eine Stunde.
MATTIE *gegen Ron* Du hast ihm was in den Kopf gesetzt... Du hast ihn mit deinen verdammten Büchern irgendwie verändert oder was... Also sag schon, was mit ihm ist!
VANCE Reicht es nicht, daß du uns alle verrückt machst mit deinem Kriegsgerede? Es reicht nicht, daß Mattie Träume hat, in denen sie schreit... Daß Vater sich quälte mit einer Schuld, die du ihm in den Kopf gesteckt hast! Du mußtest auch noch Boyd gegen uns aufhetzen!!
RON *ruhig* Es war seine Entscheidung. Er hat keinen Plan. Er wollte nur weg... Vielleicht auch von mir... – Ist es denn schlecht, daß er was versuchen will?
Sie schweigen.
VANCE *leise* Was will er denn versuchen? Er hat nichts gelernt...
RON *leise* Vielleicht lernt er jetzt was?
MATTIE *laut* Er hätte mit mir sprechen können, mit mir! Wir haben immer reden können!
RON Hättest du ihn weggelassen? – Ich habe ihm gesagt: Es geht so nicht. Er haßt es, Abschied zu nehmen...
Irgendwohin, irgendwas tun, mehr weiß er nicht...
MATTIE Du hast ihm Angst gemacht.
Pause
VANCE *mühsam* Vielleicht ist es gut so, Mattie... Irgendwann... – – Warum nicht heute... Es ist ihm ja zu eintönig gewesen...
MATTIE Du wärst gern mit...
VANCE Ein Minimum an Fähigkeit, den Alltag zu meistern, hat er mitbekommen.
RON Jeder wär' gern mit ihm –
MATTIE Du hättest gehen können.
RON Boyd konnte mich nicht brauchen.
VANCE *zu Mattie* Nach wem schreist du denn, wenn du träumst? – Nach Boyd? Nach mir?

MATTIE *Ron denunzierend* Er hat den Krieg in unser Haus gebracht, und davor ist Boyd geflohen! Nicht vor uns! Nicht vor der »Eintönigkeit«! – – Weil wir nicht mehr ein- und ausatmen konnten, ohne daß Ron sagte: In diesen zwei Sekunden ist wieder ein Kind an Hunger krepiert, und ihr zahlt eure Steuern, damit bald alle krepieren! Weil kein Flugzeug über's Haus fliegen konnte, ohne daß Ron sagte: Rüstung tötet! Weil wir keinen Schritt tun konnten, ohne Ron zu hören: Wozu dient dieser Schritt, er ist ein Schritt in den Tod! *Schreit* Weil dieses ganze verdammte Haus nur noch voll Tod ist!
Kleine Pause, in der sie sich sammelt Er wäre hier, wenn wir genauso eintönig und unwissend weitergelebt hätten wie immer...
Er hat das Wissen nicht ausgehalten! Ich weiß nicht, Ronnie, wie du es aushältst, aber du hast kein Recht, unser Leben zu stehlen!!
RON Ich h a l t e es nicht aus...
MATTIE ›*still*‹ Warum zünden wir nicht das Haus an? Warum rennen wir nicht alle irgendwohin davon...?
RON Das Wissen ist überall.
MATTIE *schreit* Dann ändere es!
Vance läuft zu ihr, hält sie fest.
RON Das ist alles, worum ich euch bitte.
Pause
Mattie reißt sich von Vance los.
MATTIE Du drückst mir die Luft ab!
VANCE Ich bitte dich, Mattie –
MATTIE *schreit* Alles kippt, und dir fällt nur ein, daß ich gradestehn soll! Ja, ich nehme mich zusammen... »Ma braucht uns, Ron braucht uns...« Wolltest du das nicht sagen? – – Er ist dein Bruder!! Also sag ihm, daß er seinen Krieg einpacken und verschwinden soll!!
VANCE *von ihr weg* Du möchtest nicht, daß er geht.
Mattie geht langsam in den Wintergarten, zur Verandatür.
Ron bleibt am Tisch stehen.
Vance geht Mattie hinterher, bleibt auf halbem Weg stehn.
Mattie spricht in den Garten hinaus.

MATTIE Wenn ich Vater gewaschen habe. Ihm die Spritze gab. Seinen Rücken eingesalbt habe. Immer hab' ich gedacht: Einmal hat das ein Ende. Die Schmerzen, die Schreie, der Gestank, einmal werden wir alle erlöst sein...
Schweigen
VANCE Vielleicht fahr' ich doch noch los... Er hat die Stadt nicht verlassen. Er sitzt in irgend 'ner Bar und überlegt sich's.
RON Beruhigend, 'n bißchen durch die Straßen zu fahren und 'n Ausblick auf Leute zu haben, wie sie so gehen für nix...
VANCE Hat deine Verachtung eigentlich Grenzen?
Er geht durch die Flurtür ab.
RON *geht zu Mattie* Hast du Kreide? – Wir könnten Felder auf den Teppich malen und »Himmel und Hölle« spielen. Wer gewinnt, darf weg aus der Hölle...
MATTIE Wohin?

Fünfter Akt

Wenige Tage später, in ›Concettas Paradise‹. Bühne wie im ersten Akt
Sonntagmorgen, Concetta hat gerade geöffnet, die Kaffeemaschine angestellt. Sie säubert die Tische, verteilt Aschenbecher. Ron, mit seinem Koffer – wie zu Beginn des Stückes, nur nicht so übernächtigt – steht nahe der Eingangstür.
Kein Verkehrslärm

CONCETTA Drinks gibt's bei mir nich' früh um zehn, und wenn Sie's ohne nich' aushalten und nich' ma am Sonntag 'ne Pause machen können, dann gehn Sie die San Jacinto runter und fragen, ob Ihnen irgendeiner einen ausgibt, und ich schwör' Ihnen, Sie werden froh sein, wenn Sie 'ne offene Tür finden im Beton...

RON Weiß ich...

Er setzt sich an denselben Tisch wie im ersten Akt, zündet sich eine Zigarre an.

CONCETTA Suff und Zigarre... Das is' die übelste Mischung am Morgen, die ich kenne. Und das am heiligen Sonntag... 's Beste wird sein, Sie rauchen das Ding vor der Tür zu Ende... Bis dahin is' der Kaffee fertig, und wenn ich gute Laune habe, mach' ich Ihnen 'n Sandwich.

RON *drückt die Zigarre aus* Richtig dankbar wär' ich für'n schönen doppelten Bourbon ohne Wasser, ohne Eis in'm schlichten Glas... Soll ja Gründe geben, daß man frühmorgens was braucht...

CONCETTA Gründe jede Menge. Der Job is' futsch, die Frau is' weg –

RON *unterbricht* Die Kinder sind im Knast... Ich weiß, Concetta...

Concetta unterbricht ihre Arbeit.

CONCETTA Moment ma'... Kann man Sie im Fernseh'n betrachten? – Der Typ, der Weihnachten meine Kasse ausgeräumt hat, sind Sie nich'... *Ron lacht.*

RON Meine Freunde nennen mich Bob... Und ich hab' 'n seltsames Talent, immer nach'm Begräbnis aufzutauchen...
Concetta erinnert sich.
CONCETTA Hey, das muß'n Jahr her sein?
Sie geht hinter die Theke.
Ich hab' was für Sie aufgehoben... *Sucht in einer Schublade* 's war 'ne Woche später in der Zeitung, und ich dachte: Siehst du, Concetta, 's gibt noch Ehrlichkeit auf der Welt... *Sie findet einen Zeitungsausschnitt, liest vor.* »Gestorben: Claude Robert Eatherly, 59. Als verantwortlicher Aufklärerpilot der ›Straight Flush‹, eines B-29 Bombers, war Eatherly am 6. August 1945 am Abwurf der Atombombe über Hiroshima beteiligt. Diese Mission prägte Eatherlys künftiges Leben.
RON Und so weiter...
CONCETTA Eatherly starb am vorvergangenen Samstag in Houston an Krebs.«[8]
Pause 's 'n Bild dabei, auf dem man Sie kaum erkennen würde...
RON Zeitungen schreiben viel Unsinn und verwechseln Bilder...
CONCETTA Aber gestorben is' er...
RON Ja.
CONCETTA Wer?
RON Bob Eatherly.
CONCETTA Ah ja... Und jetzt sitzt er hier? – Mann, darauf müssen wir einen trinken... Sie wissen ja, ich kann Drinks am Morgen nich' leiden –
RON Schon gar nicht sonntags...
CONCETTA Aber daß ich fast in der Zeitung gestanden hätte, is'n Schluck wert... *Sie gießt zwei Whisky ein* 'n Bild von seinem Pfleger war übrigens nich' dabei, nich' ma der Name.
RON Ron Shepard? Nicht erwähnt?
Sie stellt die Flasche auf die Theke, trägt die beiden Gläser zum Tisch.
CONCETTA Sie haben mich ganz schön gelinkt, Mister.
RON *hebt sein Glas* Auf Bob...
Sie trinken.

CONCETTA Sie sehn besser aus wie damals. Gute Zeit gehabt?
RON Wir haben unsern alten Pa verbuddelt, und er hatte'n schweres Ende.
Concetta setzt sich ihm gegenüber.
CONCETTA Also, daß Sie den Leuten Glück bringen, kann man nich' sagen...
RON Ich hab's ihm nicht erleichtern können, wär' vielleicht besser gewesen, ich wär' nich' runtergefahren.
CONCETTA Wer's hinter sich hat, hat's hinter sich. Und wer übrig bleibt, hat noch 'ne Menge vor sich...
RON Die Aussichten sind nicht rosig.
CONCETTA *steht auf* Klar, Sie fühl'n sich mies, kei'm geht's schlechter, die Welt is'n Klo, und Sie sind die Schüssel...
Kleine Pause Sie sehn wirklich besser aus, es geht bergauf mit Ihnen, Ron Shepard! Sie müssen nur mal nach oben gucken und nich' immer bloß denken, wer schon alles unten liegt...
Ich hab 'n Blick für Leute, die 'ne gute Phase vor sich haben!
RON *lachend* Ich?
CONCETTA Aber hundert Prozent! Was Sie brauchen, sind 'n paar Kniebeugen und 'n ordentliches Frühstück. Können Sie Rühreier mit Speck machen?
Sie stößt ihn hoch von der Bank.
Na also, ab in die Küche, Sie finden alles im Kühlschrank, Pfanne steht auf'm Herd, tun Sie Butter dran, für Trauerklöße wie Sie kann's gar nich' fett genug sein, und ordentlich Salz und Pfeffer, daß Sie 'ma wieder nach Luft schnappen müssen! Ich mach uns 'n schönen schwarzen Kaffee.
Sie hat ihn sanft in die Küche geschoben.
RON Wenn das der Frieden is'... *Ab*
CONCETTA *laut* Wenn man sich wieder trifft nach langer Zeit, soll man feiern, so mögen's die Toten am liebsten...
Sie deckt den Tisch liebevoll, wie im ersten Akt. Sie schaltet das Radio auf der Theke ein, sucht zwischen den Gottesdiensten einen Sender mit Unterhaltungsmusik.
Sie betrachtet sich in der spiegelblanken Verkleidung der Kaffeemaschine, holt ihre Schminktasche, legt Make-up auf. Dann zapft sie den Kaffee in eine Kanne, trägt Kanne und Whiskyflasche zum Tisch.

Sie betrachtet ihr »Werk«, geht zur Tür, schaut hinaus, schließt dann die Tür von innen ab, weiß nicht, wo sie den Schlüssel hinlegen soll, steckt ihn ein.
Dabei laut zur Küche hin Sie sollten sich was für die Zukunft ausdenken! 'ne Aufgabe! 'n Job! 'n Mann in Ihrem Alter und ohne was zu tun, das muß einen ja kaputtmachen!

RON *aus der Küche* Ich bin fast sechzig!

CONCETTA Dann könn' Sie mit siebzig Präsident sein! In der Zeitung ham sie grad' wieder Piloten gesucht für die Flugshow hier... Leute mit Erfahrung aus'm Weltkrieg, die die alten Maschinen fliegen können. Is'n gut bezahlter Job und 'ne Menge Spaß!
Ron kommt mit dem Essen aus der Küche.

RON Nichts würd' ich lieber tun, als noch mal so'n paar Häuserblock-Knacker genau auf den Punkt absetzen und mir ausmalen, wie's unten die Leute wegfetzt...
Sie setzen sich zum Essen.

CONCETTA Is' doch bloß 'ne Show...

RON Dachte, die gäb's nicht mehr.

CONCETTA Klar gibt's die, is'n gutes Geschäft! Ich brauch' Senf, brauchen Sie keinen Senf?
Sie steht auf, holt hinter der Theke Senf, setzt sich wieder.
Der Typ, der damals die Bombe geschmissen hat, hat's hier noch mal vorgemacht...

RON Tibbets?

CONCETTA War aber bloß Feuerwerk... Ich war nich' da, im Fernsehn ham sie gesagt, er hätte das Ding gegenüber von den Tribünen runtergebracht, und es wär'n richtiger schöner Pilz geworden, er hatte'n Haufen Beifall...

RON Ich glaub', ich eigne mich nich' für so 'ne Show...

CONCETTA Sie ham's doch gar nich' ausprobiert.
Ron steht auf, seine alte Unruhe bei dem Thema kommt wieder hoch.

RON Ich hab' nicht die geringste Lust, auszuprobieren, ob's mir Spaß machen würde!

CONCETTA Gott, ich steh' doch nich' auf dem Typ! Ich hab' bloß gesagt, daß er 'ne Menge Beifall hatte und ins Fernsehen gekommen is'...

RON Begreifen Sie nicht, was das für 'ne Art Show ist? *Spielt vor* Bei einem hochvornehmen Dinner wird Herr General Tibbets dem japanischen General Fukiada vorgestellt, der die Pearl-Harbor-Scheiße befehligt hat. Kurzes Abchecken der Orden auf gegnerischer Brust... Dann sagt der Japse zu Tibbets: »Mit Hiroshima haben Sie eine tolle Leistung vollbracht!« Und Herr Tibbets entgegnet: »Sie haben in Pearl Harbor auch einen tollen Angriff geführt!«[9]
Und dann reicht man sich die Hände... 'n Dutzend Jahre nach der Bombe. Jede Menge Beifall... Das war keine Show, sondern die Wahrheit!
CONCETTA *kurze Pause* Okay. Wir verlegen uns auf Rühreier mit Speck...
RON Show haben Sie gesagt!
CONCETTA *unbeirrt* Und feiern unser Wiedersehn auf 'ne anständige Art!
Sie hebt ihr Glas. Zögernd kommt Ron an den Tisch zurück, nimmt sein Glas. Sie trinken.
RON Wenn Sie nicht so verdammt dickköpfig wären, Concetta... *Setzt sich* Angemalt haben Sie sich auch?
CONCETTA Is' das 'n Lob?
Kleine Pause
RON Ich bin wiedergekommen...
CONCETTA Damals war ich ziemlich unfreundlich zu Ihnen...
RON Ich hab' Ihnen auch wenig Gelegenheit gelassen...
CONCETTA Ich glaub', ich war richtig wütend, war ich nicht wütend?
Immerhin hab' ich Ihnen hinterhergerufen... aber Sie ham sich nich' umgedreht... Ich dachte, du solltest hinter ihm her, Concetta, 's wär' besser. Aber ich war zu wütend! *Lacht, steht auf, geht zur Theke* Du bist noch nie einem nachgelaufen, Concetta, und schon gar nich' ei'm, der dir das Leben vermiesen will... am Ende hängst du dir doch bloß 'n gottverdammten Kommunisten auf und hast nix wie Schwierigkeiten...
RON Auf der Fahrt nach Galveston runter hab' ich mich verwünscht, daß ich Ihnen überhaupt was erzählt hab' von Bob. Ich hatte wirklich kein Recht dazu... Sie sind jung. *Concetta lacht* Ha'm hart gearbeitet für Ihre eigene Bar –

CONCETTA Wenn Sie 'ne Ahnung hätten, wie ich angefangen hab'...
RON Und dann komm' ich her und sag': Dein Traum is' nichts wert, weil die Leute, die deinen Traum schützen sollen, verrückt sind... Sie war'n ja noch'n Mädchen in den fünfziger Jahren und ha'm noch beigebracht bekommen, es reicht, sich beim Atomblitz unter die Schulbank zu ducken...
CONCETTA *lacht, erinnert sich an die Melodie des Zivilschutz-Songs* »Duck and Cover, Duck and Cover«... *Singt und tanzt dazu* Duck dich und bedeck dich, duck dich und bedeck dich...
Ron klatscht dazu in die Hände Mach's wie »Blurt the Turtle«, mach's wie die Schildkröte Blurt, mach's wie die Schildkröte – duck dich und bedeck dich... *Lachend bleibt Concetta an der Theke stehen.*[10]
RON Erinnern Sie sich noch an die Filme, wo Kinder mit der Gasmaske vor'm Gesicht zur Schule fuhren, als wär's das Einfachste von der Welt? Und keiner hat uns gesagt, daß die Kinder zuerst verrecken, weil sie nich' genug Kraft in den Lungen haben, um durch 'ne Gasmaske zu atmen...
CONCETTA Ich war 'n hübsches Mädchen. Wir ha'm jede Menge Spaß gehabt am Tischfeuerwerk mit Atompilz...
Ich hör' heut' noch Bill Haley singen, daß er nach der Bombe der einzige Mann war in der ganzen Stadt, und alle Frauen waren für ihn da, »also her mit der Wasserstoffbombe«... Wir ha'm wenigstens keine Angst gehabt. Und bei den Übungen konnten wir im Schulbunker mit den Jungens fummeln...
RON Die Kameraden in Waco haben sich bei den Filmen vom Zivilschutz köstlich amüsiert! *Spielt* Wenn da der Pappi nach'm Atomschlag mit der Familie aus dem Keller steigt und sagt: »So, Kinder, jetzt wollen wir erst mal die Scherben wegfegen«... was glauben Sie, was los war im Anstaltskino... Gewieher wie im Pferdestall. Wir ha'm die Sache genommen wie sie war: 'ne einzige große Volksverarschung... *Spielt* Hey, Baby, was machst du, wenn du im Caddy zum Einkaufen unterwegs bist, und du siehst links den Atomblitz?

CONCETTA Ich denke: Scheiße...
RON Falsch! Du steigst rechts aus! – Und was machst du, wenn du den Blitz vor'm Küchenfenster siehst?
CONCETTA *singt* Duck and Cover...
Concetta kriecht unter den Tisch. Ron wirft ihr die Whiskyflasche zu, nimmt ihr und sein Glas und kriecht zu ihr.
RON Richtig, vergiß den Bourbon nicht! Ich komme! *Unterm Tisch* Keine Sorge, in 'ner Stunde können wir wieder rauf und die kalten Eier essen. *Beide trinken aus* Und was spricht die Kirche, wenn einer zu uns unter'n Tisch will?
CONCETTA Hilf deinem Nächsten...
RON Quatsch. Die Kirche sagt: Wenn dein Bunker voll ist mit deiner Familie, nimm deine Knarre mit runter, damit du deine schutzsüchtigen Nachbarn abknallen kannst. Bäng bäng! – Und was machst du beim schönen Picknick mit Hühnchen und Bier, wenn die H-Bombe am Horizont losdonnert?
CONCETTA Ich halte die Hühnchen in den Wind, damit sie schön knusprig werden?
Ron, der gerade aus der Flasche trinkt, verschluckt sich und hustet. Er gibt ihr die Flasche.
RON Wieder falsch. Du schlüpfst unter die Picknickdecke! – Du hast doch'n Tischtuch auf den Rasen gelegt! Oder hast du etwa beim Picknick kein Tischtuch dabei?
CONCETTA Ich weiß nich', was ich beim Picknick dabei habe.
Sie kriecht unterm Tisch vor.
Nee, ernsthaft, ich hab' noch nie 'n Picknick gemacht... Das kommt dir jetzt komisch vor, was?
RON Schweres Schicksal... *Kommt hervor* Aber es ist nationale Pflicht, auch das geübt zu haben...
Er zieht vorsichtig unter dem Geschirr die Tischdecke hervor, breitet sie auf dem Boden aus.
Also Baby. Wir sitzen locker auf der Wiese. Das kann der Russe nicht leiden, und schon fliegen die Raketen... Setz dich her, wenn du 'ne gute Amerikanerin bist!
Concetta kniet sich neben ihn.
Und jetzt – wir ha'm hier draußen natürlich keinen Alarm gehört – jetzt, hinter der Kaffeemaschine der Blitz! Das

herrlichste Schauspiel für Generals-Augen! Aber für uns Zeichen, sofort unter die Decke zu schlüpfen!
Er wirft das Tischtuch über sie und sich.
Siehst du... Hier sind wir sicher... Die Russen sind ja so blöd, die wissen nich' mal, daß wir Tischtücher haben...
Die am Tuch sichtbaren Bewegungen deuten darauf, daß Ron und Concetta sich umarmen.
CONCETTA Langsam... Man kann zum Fenster reinsehn...
RON Leute, die das stört, sind in der Kirche.
CONCETTA Und wenn sich einer wegschleicht zu ›Concettas Paradise‹ und 'n Drink will?
RON Keine Sorge, die singen jetzt alle noch 'n flotten Gospel: »Jesus hits You like an Atomic Bomb...«
CONCETTA Is' der Angriff nich' vorüber?
Ron sieht vorsichtig unter dem Tuch hervor. Er blickt sichernd umher, steht auf und reißt das Tuch von Concetta.
RON Abra Kadavra!
Concetta steht auf, richtet ihre Kleidung.
CONCETTA So ungefähr war'n die Bunkerübungen auch...
RON Fühlst du dich gut?
CONCETTA Erstklassig.
RON Wir sind tot.
CONCETTA Mach kein' Quatsch...
RON Dein Scheißtischtuch is' aus Plastik, wir ha'm 'ne zweite Haut und sind erstickt...
Concetta steht auf, setzt sich auf eine der Bänke.
CONCETTA Wir sind grad' noch ganz lebendig gewesen... –
RON *kleine Pause; gespielte Empörung* Das' ja 'n heiliges Jenseits! Einfach weiterfummeln, als wär' nichts gewesen?
CONCETTA Komm her.
RON *nähert sich ihr* Hast du Spaß an Leichen?
CONCETTA *zieht ihn auf ihren Schoß* Vielleicht bin ich 'n Engel.
RON Vielleicht sitzt auf jeder Atomwolke 'n heißer Engel?
CONCETTA *hält ihn* Vergiß mal, was du weißt. Vergiß einfach mal...
RON Ich denke, man kann zum Fenster reinseh'n...
CONCETTA Gibt kein Fenster mehr, is' alles kaputt, wer soll reinsehn, wenn alle hin sind...

Ron kriecht kichernd am Boden, sucht die Whiskyflasche, findet sie.
RON Keine Frage Baby! *Trinkt* Tote freie Welt! *Reicht ihr die Flasche, sie trinkt.* Und tote rote Welt!
CONCETTA *kichert* Ha'm die auch Tischtücher?
RON *steht auf* Das will ich ihnen doch wünschen! Wenn wir erst mal unsere ›Nike-Hercules‹ und ›Jupiter‹ losschicken und unten im Ozean unsere ›Poseidon‹ und ›Corpus Christi‹ ihre heißen Sachen abfeuern – dann werden sie gegen unsre Göttermannschaft verdammt viele schöne weiße Tischtücher brauchen! *Concetta beginnt zu lachen* Du weißt es vielleicht nicht, Baby, aber damit kriegen wir sie, die mongolischen Affen – mit der Baumwolle! Wir rüsten sie auf dem Tischtuchmarkt zu Tode! Ich muß es wissen, ich komme aus Galveston, und Galveston ist der größte Baumwollhafen der Welt, wenn wir den dicht machen, haben wir Moskau in der Tasche! *Concettas Lachen steigert sich* Bei Gott, der alte Truman hat es gewußt: Die Welt wird amerikanisch, oder Amerika wird untergehn!
Concetta hört auf zu lachen. Sie ringt nach Luft.
CONCETTA Ich kann nich' mehr! Ich... – hey, ich kann nich' mehr lachen!
RON *umarmt sie* Ruhig, Baby, ruhig... – – Du bist doch nich' radioaktiv. – Hey, Engel.
Concetta macht sich los, lehnt sich mit dem Rücken an die Theke.
CONCETTA Verrückt bin ich. Als wüßt' ich's nich' besser... – Paul kommt wenigstens bloß rein, tatscht mich an, sagt »Concetta, du weißt«, ich weiß, sag' ich, und er kriegt seinen Gintonic, ich hab' geheult um den Kerl, er is'n Nichts, seit er zurück is' von den Congs. Es war weißgott nix Besondres an seiner Story, es war weißgott nur die übliche Scheiße... Ich hab' mir geschworen: Du hältst sie dir vom Leib, Concetta, es geht um dich und um deine Bar und sonst um nix.
RON Es tut mir leid für dich.
CONCETTA Halt dich raus, es geht dich nix an... Du bist auch nur'n halber Typ, der seinen Seelenstrip macht...
Pause

RON Es is' ja nicht, daß ich es so will... Die Sachen sind so, und sie sind nicht anders.
CONCETTA Es is', was du draus machst...
RON Ein Irrenhaus ist es!
CONCETTA Dann hau doch ab! Geh zurück zu deinen Leuten in den größten Baumwollhafen der Welt!
RON Ich hab' sie nicht grade glücklich gemacht... Du gibst'm Blinden das Augenlicht, und er verflucht dich, daß du ihn nicht blind gelassen hast...
CONCETTA Warum ich?! Warum verpißt du dich nich' in die Army, wenn du schon so scharf drauf bist, ja keinem seine Ruhe zu lassen!
RON Ich bin bloß vorbeigekommen. Dachte, du schaust mal rein...
CONCETTA Okay okay...
RON Der nächste Bus nach Waco... zurück in die Klapsmühle...
CONCETTA Das Beste, was du machen kannst.
Ron hebt die leere Whiskyflasche auf, stellt sie auf den Tisch.
RON Ich muß dringend mal wieder unter normale Leute.
CONCETTA Immer drauf, immer drauf... Hab' ich nich' zugegeben, daß ich verrückt bin, hab' ich's nich' gesagt: Ich bin verrückt?!
RON Es geht nicht um dich... Ihr alle hier draußen... Bei guter Gesundheit... Ihr seid irre, weil ihr normal seid. Und wir in Waco, wir sind normal, weil wir irre sind...
CONCETTA *abweisend, fest* Is' – mir – zu – hoch.
Ron nimmt seinen Koffer, geht zur Tür, versucht zu öffnen.
RON Kann man raus?
Concetta wirft ihm den Schlüssel vor die Füße. Er öffnet die Tür.
Mach dir nichts draus. 'ne Meise haben is' der einzig ehrliche Zustand... *In der Tür* Okay?
CONCETTA *für sich* 's gibt ja für jeden Dreck 'ne Putzfrau.
Ron läßt die Tür offen stehen und geht. Draußen sieht man Boyd stehen, der Ron hinterher geht.
Kleine Pause Du vergißt was! Nimm deine Scheiß-Angst mit, gefälligst!!

Sie sieht lange auf die Tür, geht dann und schließt sie. Sie nimmt das Tischtuch vom Boden hoch, legt es sich langsam um den Hals. Sie steht zwischen dem Tisch und der Theke, mit dem Rücken zur Tür.
Langsam geht in ›Concettas Paradise‹ das Licht aus, während es vor den Fenstern und der Tür hell bleibt. Man sieht Ron und Boyd beieinander stehn. Jetzt erst hört man Straßenverkehr. Noch immer laufen im Radio die amerikanischen Hits vom Frühjahr 1979.

Anmerkungen

1 Eintrag einer Lehrerin in Eatherlys Schulheft
  zit. nach Ronnie Dugger, a. a. O.
2 zit. nach Merle Miller, a. a. O.
3 zit. nach Thomas/Witts: ›Enola Gay‹ a. a. O.
4 Die Übungs-Attrappe aus Beton in dem geschätzten Gewicht der Bombe, mit der die Zielabwürfe monatelang geübt wurden, hieß im internen Sprachgebrauch »Pumkin«.
5 Entsprechend 20 Milliarden Tonnen TNT. Zahlen nach Jonathan Schell, a. a. O.
6 Nach Harris/Paxman: ›Eine höhere Form des Tötens‹ Düsseldorf 1983, S. 264
7 Die Droge, die Eatherly verabreicht wurde
8 nach AP-Meldung und Spiegel-Nachruf
9 Tibbets selbst hat diesen Vorfall in mehreren Interviews geschildert. Das Dinner fand – laut Tibbets – 1959 statt.
10 Original-Filmspot der amerikanischen Zivilverteidigung. Dokumentiert in dem Film ›Atomic Café‹, 1982

Auswahl-Bibliographie der für den politisch-historischen Hintergrund benutzten Literatur

I. Buchpublikationen

Anders, Günther: Off limits für das Gewissen
 Hamburg, 1961
– Burning Conscience – The Case of the Hiroshima Pilot Claude Eatherly, Claude Eatherly Told in his Letters to Günther Anders
 London, 1962
– Die Antiquiertheit des Menschen, Bd. 2
 München, 1981
– Die atomare Drohung
 München, 1981
– Hiroshima ist überall
 München, 1982
Baker, Paul R. (edit): The Atomic Bomb – The Great Decision. New York Univ.
 Hinsdale/Ill. 1967
Brown, Anthony C.: Drop Shot – The United States Plan for War with the Soviet Union 1957
 New York, 1978
Churchill, W. S.: Der zweite Weltkrieg
 Bern, 1954
Compton, Arthur H.: Die Atombombe und ich
 Frankfurt, 1958
Coppik, M. und Roth, J.: Am Tor der Hölle. Strategien der Verführung zum Atomkrieg
 Köln, 1982
Dugger, Ronnie: Dark Star. Hiroshima Reconsidered in the Life of Claude Eatherly
 London, 1967
Engelmann, Bernt: Weißbuch: Frieden
 Köln, 1982
Epstein, Laurence B.: The American Philosophy of War 1945–1967.
 Ph. D. Berkeley 1967
 Ann Arbor/Mich. 1969
Erlinghagen, Helmut: Hiroshima und wir. Augenzeugenberichte und Perspektiven
 Frankfurt, 1982

Furer, Howard B. (edit): Harry S. Truman.
Chronology – Documents – Bibliographical Aids
New York, 1970
Giovannitti, L. & Freed, F.: Sie warfen die Bombe
Berlin, 1967
Greiner, Bernd: Amerikanische Außenpolitik von Truman bis heute
Köln, 1980
– Auf dem Weg zum dritten Weltkrieg? Amerikanische Kriegspläne gegen die UdSSR
Köln, 1981
Greune, G. und Mannhardt, K.: Hiroshima und Nagasaki
Köln, 1982
Groves, Leslie R.: Jetzt darf ich sprechen. Die Geschichte der ersten Atombombe
Köln/Berlin, 1965
Guha, Anton-Andreas: Der Tod in der Grauzone. Ist Europa noch zu verteidigen?
Frankfurt, 1980
Hachiya, Michihiko: Hiroshima Diary – The Journal of a Japanese Physician August 6 – September 1945
London, 1955
Herbig, Jost: Kettenreaktion. Das Drama der Atomphysiker
München, 1976
Hirschfeld, Burt: A Cloud over Hiroshima. The Story of the Atomic Bomb
Folkestone, 1974
Huie, William B.: The Hiroshima Pilot
New York, 1963
– deutsch: Der Hiroshima Pilot
Wien/Hamburg, 1964
Informationsbüro für Friedenspolitik (Hrsg): Lagerung und Transport von Atomwaffen
München, 1982
Jaspers, Karl: Die Atombombe und die Zukunft des Menschen
München, 1960
Koch, Erwin E.: Das Feuer der Sterne
Berlin/München, 1958
Laurence, William L.: Dämmerung über Punkt Null. Die Geschichte der Atombombe
München/Leipzig, 1949

Mechtersheimer, A. (Hrsg): Nachrüsten?
Reinbek, 1981

Miller, Merle: Offen gesagt. Harry S. Truman erzählt sein Leben
Stuttgart, 1975

Morris, Edita: Die Saat von Hiroshima
München, 1965

Osada, Arata: Kinder von Hiroshima
Frankfurt, 1981

Parrish, Noel F.: Behind the Sheltering Bomb.
Military Indecision from Alamogordo to Korea
Ph. D. Rice Univ. 1967
Ann Arbor/Mich. 1968

Schell, Jonathan: The Fate of the Earth
New York, 1982
– deutsch: Das Schicksal der Erde
München, 1982

Schneider, Rolf: Prozeß des Richard Waverly
In: Stücke, Berlin, 1970

Smith, A. K.: A Peril and a Hope
Chicago/London, 1965

Smyth, Henry de Wolf: Atomic Energy for Military Purposes
Princeton, 1948

Steinberg, Rafael: Postscript from Hiroshima
New York, 1966

Thomas, G. & Witts, M.: Enola Gay
New York, 1977
– deutsch: Tod über Hiroshima
Unterägi, 1981

Torberg, Friedrich: Das Unbehagen in der Gesinnung (über M. Parent: ›Gilda ruft Mae West‹) In: Der Beifall war endenwollend
München, 1970

Truman, Harry S.: Memoiren I, II
Stuttgart, 1955–56

Trumbull, Robert: Wie sie überlebten. Der Bericht der Neun von Hiroshima und Nagasaki
Düsseldorf, 1958

II. Zeitungen, Zeitschriften, Periodika

Atombombe gegen Japan
  Allgemeine Zeitung, hrg. von der Amerikanischen Armee Nr. 1, 8. August 1945
Hiroshima. Tatsachenbericht vom Untergang einer Stadt. (John Hersey)
  Die Neue Zeitung, 16. September 1946
Hiroshima drei Jahre nach der Katastrophe (Jack Persival)
  Stuttgarter Nachrichten, 17. Juli 1948
When Atom Bomb Struck. Uncensored.
  Life, Vol. 13/no. 12, December 15, 1952
Atom-Pilot geht nicht ins Kloster
  Die Zeit, Hamburg 4. August 1955
Luziferisches Ereignis (G. Anders)
  Rhein-Neckar-Zeitung, Heidelberg 3./4. Oktober 1959
Die Opfer der Bombe
  Stern, Hamburg 25. Juni 1960
Die Geschichte der Atombombe (Serie)
  Main-Echo, Aschaffenburg August 1960
Dreyfus in Waco
  Der Spiegel, Hamburg 13. September 1961
Der Fall Eatherly. Offener Brief an Präsident Kennedy. Von Günther Anders
  Neue Sammlung, Göttingen April/Mai 1961
Der Pilot von Hiroshima. Märtyrer oder Falschmünzer?
  Die Weltwoche, Zürich 8. Mai 1964
Der Bomberpilot von Hiroshima
  Die Zeit, Hamburg 28. August 1964
Entlarvung des Entlarvers
  Die Zeit, Hamburg 28. August 1964
Legende und Wahrheit
  Die Welt, Hamburg 23. September 1964
Das Streiflicht (Claude Eatherly)
  Süddeutsche Zeitung, München 9. Dezember 1964
Plötzlich flammte ein blendender Blitz auf
  Süddeutsche Zeitung, München 6. August 1965
Die Kinder von Hiroshima
  Frankfurter Rundschau, 6. August 1966
Das Drama von Hiroshima (Serie)
  Die Welt, Hamburg Oktober 1966

Major Sweeney suchte ein Ziel
 Münchner Merkur, 8. März 1969
Die Atombombe war für Deutschland bestimmt
 tz, München 30. Juli 1975
Die vergessene Bombe
 Stern, Hamburg 31. Juli 1975
Atombombenabwurf als Massenspektakel
 dpa-Meldung 12. Oktober 1976
USA bedauern simulierten Atombombenabwurf
 Süddeutsche Zeitung, München 16. Oktober 1976
Wilde Texaner
 Der Spiegel, Hamburg Nr. 31/1978
Und die weiß verfärbten Gesichter waren plötzlich schwarz
 Die Welt, Bonn 6. August 1980
US-General: »Ich würde es wieder tun«
 Stuttgarter Nachrichten, 3. Januar 1981
Durch Abschreckung zum Krieg I, II
 Vorgänge, Frankfurt Juni, August 1981
Strahlendes Paradies
 Palaver, München Juni 1982
Die Inseln des Todes
 Konkret, Hamburg Nr. 7/1982
Unbarmherziger Stolz
 Der Spiegel, Hamburg Nr. 31/1982

Internationales Munzinger-Archiv: Claude Eatherly.
Lieferungen: 14. 12. 1963 / 26. 9. 1964 / 19. 8. 1978

Strafmündig

Neufassung 1987

Wir hätten's gern kausal, vor allem auf dem Theater. Die Wirklichkeit bleibt solche Kausalität häufig genug schuldig – verwirrt stehen wir vor einem Ereignis, das vollständig unvorhersehbar schien, seinen Anlaß nicht enthüllt, uns ohne Lehren zurückläßt.

Ted hat seinen Vater erstochen, und alle herkömmlichen Motive für Vatermord scheiden aus. Auch das Stück bietet keine Lösung an. Der Zuschauer hat es damit nicht leicht und soll es nicht leicht damit haben. Annäherungen sind möglich: Ted und sein Vater sind sich erstaunlich ähnlich in ihren Lebensängsten. Und wo die Sprachlosigkeit der Eltern zum Schutz vor Verletzung wird, umgibt Ted sich mit Wortkaskaden seiner Jugendsprache, hinter denen er sich verbirgt. Er hat eines gelernt: Die Dinge scheinen uns wichtiger zu sein als die Menschen, Profite wichtiger als Lebensgrundlagen; Zerstörung tarnt sich als Wohlstand, Todesvorbereitung als Glück. Es gibt Gruppen von Jugendlichen in der BRD, zu deren Ritual gehört, mit verbundenen Augen verkehrsreiche Straßen zu überqueren. Ted, denke ich, könnte einer dieser Todsucher sein.

Das Stück, das meinem Stiefsohn Michael gewidmet ist, scheint seit seiner Uraufführung 1981 nichts von seiner Aktualität eingebüßt zu haben. Das ist schlimm für die Realität. Und diese ist – das zeigen Aufführungserfahrungen und Publikumsreaktionen – in Österreich und der Schweiz nicht anders als in der BRD, der DDR, der UdSSR, Holland oder Schweden. Überall scheint das Handeln von Ted seltsam vertraut auf vorhandene Ratlosigkeit zu treffen. Dies zeigt zumindest, daß sein Drama unabhängig ist von Ideologien.

Es wird schwer sein, an Ted heranzukommen. Wo er spürt, daß er zum Zweck seiner ›Normalisierung‹ ausgehorcht werden soll, verweigert er sich. Wer Teds Träume nicht ernst nimmt – als Anstoß, Lebenswirklichkeit zu verändern –, wird ihn nicht erreichen. Man kann es sich allerdings auch leicht machen mit ihm: Ein Mörder mehr für ein reiches Land, in dem die Sachzwänge den Menschen zur Sache hinabzwingen.

Gert Heidenreich

Personen

TED MERSCHROTH; siebzehn
MAGGIE, seine Freundin; zwanzig
MUTTER von Ted
VATER von Ted
BRANDES, Mitschüler

PSYCHOLOGE
OBERINSPEKTOR

MATHELEHRER
SPORTLEHRER   1 Darsteller

BIOLEHRERIN
DEUTSCHLEHRERIN   1 Darstellerin

Auf der Suche nach einer polizeilich verwertbaren Wahrheit über einen Mord wird Ted durch die Stationen des Tat-Tages und des davor liegenden Sonntags gehetzt, bis er psychisch zusammenbricht. Teds Assoziationen bestimmen Rekonstruktion und Rückblenden.

Die Spielorte

Polizeibüro
Wohnung der Eltern
Treppenhaus
Zimmer in Maggies Wohnung
Schule mit Klassenzimmer und Sporthalle
Straße mit Litfaßsäule

Die Orte sind angedeutet, zwischen ihnen kann rasch gewechselt werden, Ted kann sie schnell erreichen, umlaufen; dazwischen freie Spielfläche. Die Anordnung der Spielorte vermittelt den Eindruck, daß Ted umstellt ist.

Erster Akt

Polizeibüro. Seitlich davon, auf einer Bank: Ted, seine Mutter

TED Maggie hätte ihnen gesagt: So was macht Ted nicht! Ihr wollt ihm was anhängen. Bullen sind scharf drauf, uns kaputtzumachen. Hätte Maggie gesagt. *Lacht* Die ganze Schule ham sie durchgeschnüffelt. Über Teddy? Nur das Beste. Der kluge Junge, fleißig, gute Aussichten. Über die Toten nichts Schlechtes.
MUTTER Red nicht so.
TED Und du?
MUTTER Ich bin nicht verhört worden.
TED Jeder. Täglich. Ach Gott, wie unbegreiflich, spricht die Mutter; der Junge war doch gut im Futter. Zwar wirkt er manchmal etwas geil –
MUTTER Hör auf.
TED – das braucht er für sein Seelenheil.
Der Inspektor, Akten unterm Arm, kommt zur Bank. Die Mutter steht auf. Ted bleibt sitzen.
MUTTER Werden Sie ihn hierbehalten?
INSPEKTOR Stehn Sie auf, Merschroth.
MUTTER Kann ich auf ihn warten?
INSPEKTOR Das wird wenig Sinn haben.
Der Inspektor geht in sein Büro. Ted steht betont langsam auf. Die Mutter streckt die Hand nach ihm aus, er weicht zurück.
TED Keine Panik. Ich geh kaputt, gehst du mit, sprach Abraham zu seinem Söhnchen Isaac. Aber dann sprach der Herr: Alles Show.
MUTTER Ich kann nichts mehr für dich tun?
TED Null Gefahr. Im Vertrauen, Mama: Ich bin hier bei Zombies. Die mach ich mit zwei Sätzen klar.
Er dreht sich, geht ins Büro. Der Inspektor schließt die Tür, setzt sich hinter den Schreibtisch. Die Mutter zögert. Dann geht sie langsam ab.
INSPEKTOR Was war das mit der Bibel?

TED Abraham wechsel dich. Für einfache Gemüter: Man dividiert Brüche, indem man sie mit ihrem Kehrwert multipliziert.

INSPEKTOR Für einfache Gemüter. Setzen Sie sich.

Ted bleibt stehen. Der Inspektor blättert in den Akten.

TED Dachte, Sie sind für jeden Hinweis dankbar.

INSPEKTOR Sehr freundlich. Wollen Sie stehn bleiben? Das macht müde. Wir haben viel vor. *Bedient die Sprechanlage* Bayer kann kommen. Nun setzen Sie sich endlich.

TED *setzt sich langsam auf einen Stuhl* Wenn's der Wahrheitsfindung dient.

Der Psychologe tritt auf, streckt Ted die Hand hin.

PSYCHOLOGE Tag. Ich bin Jürgen. Jürgen Bayer.

TED *ohne sich zu bewegen* Ein Fremder in der Fremde.

PSYCHOLOGE *setzt sich auf einen Stuhl schräg hinter Ted* Wie du willst.

INSPEKTOR Also, mein Junge.

TED Tilt.

INSPEKTOR Was?

TED Das bringt's nicht. Nix geht mehr. Off. Na?

PSYCHOLOGE Er scheint das nicht gern zu hören: mein Junge. Wer nennt dich so? Die Lehrer? Dein Vater?

TED Könn'n Sie den Psycho nicht Kaffee holen lassen, Inspektor?

INSPEKTOR Ober-Inspektor.

Ted schüttelt den Kopf, lacht leise. Die Schulklingel schlägt an. Am Spielort Schule ist der Mathematiklehrer aufgetreten, im Mantel, mit Aktentasche, Zigarette nach Schulschluß.

MATHELEHRER Haben Sie noch einen Moment Zeit, Merschroth?

Ted läuft zu ihm.

MATHELEHRER Ich mach heut abend 'n kleinen Umtrunk. Meine Beförderung zum Oberstudienrat.

TED Ein großer Schritt im Leben eines großen Mannes.

MATHELEHRER Wär schön, wenn du kämst, ich feiere nun mal lieber mit euch als mit den Kollegen.

TED Jugend füllt das Leben eben.

MATHELEHRER Bei der Gelegenheit, Ted: Wie wär's mit ein

bißchen mehr Mitarbeit? Du machst das doch mit links...
Physik eins, Mathe stehst du zwischen eins und zwei, den
Chemiequatsch, den wir hier treiben, bringst du auch. Ab
dem nächsten Jahr geht's um die Punkte, da steckt ein Fach
das andre an. Eine winzige Anstrengung, und du kannst dir
die Uni aussuchen und auf den numerus clausus scheißen.

TED Welch grobes Wort, Herr. Die hängen mich ja doch in Latein hin.

MATHELEHRER Tja. Entweder du setzt dich durch –

TED – oder ab auf die Deponie.

MATHELEHRER *lacht* Ja – so ungefähr. Kann ich heute abend mit dir rechnen?

TED Rechnen is nicht. Tut mir aufrichtig leid, Herr Oberstudienrat, muß jedoch den Abend über den Büchern verbringen: Das Lateinische...

Der Mathematiklehrer geht lachend ab. Zugleich ist Maggie in ihrem Zimmer aufgetreten.

MAGGIE *ruft* Odium hominis?

TED *ruft* »Ein abscheulicher Mensch« – Cicero.

Er kommt zu ihr. Sie umarmen sich.

MAGGIE Hominem exuere?

TED »Die Menschengestalt ablegen« – Ovid. Beispielsweise die Ernennung zum Oberstudienrat.

MAGGIE Weitere Beispiele?

TED Elternglück. *Er liest einen Zettel an der Wand.* »Unser Land is' ein einziges großes abgefucktes Automatenrestaurant. – Ted am 14.5. um 3 Uhr Nachmittag.« Das hab ich gesagt? Hey, ich hab das gesagt! Und Maggie schreibt es auf, hängt es an die Wand, Quellenangabe korrekt, die nackte Wahrheit, ungeschminkt, hart wie das Leben selbst.

MAGGIE Grammatik gibt's nicht aus'm Automaten.

TED Wie wahr. Aber es nutzt dir nichts. Weg kommst du doch nicht. Liegst in einem von den Kühlfächern hinter so 'ner Glasscheibe, die Füße nach vorn. Irgendeiner schmeißt'n Fünfziger rein, zieht dich raus, schnuppert an den Zehen und frißt dich mit Haut und Haar. Plötzlich bist du Oberstudienrat und hängst halbverdaut in einem vorgesetzten Dickdarm rum. Lieber no future als so future – Bäh! *Lacht*

MAGGIE Vokabeln – bevor du abhebst.

TED Und Moses ging vierzig Jahre in die Wildnis, ernährte sich von Beer und Wurz, züchtete Schafe –

MAGGIE Da rief Gott ihn an.

TED Ring, ring! – Merschroth. Was? Ich? Warum ich? Sorry, Sir! Wrong number. *Er umarmt Maggie.* Und die heilige Archäologin Margarethe von Tetzner, genannt Maggie mit der großen Schaufel, macht dem Pharao Terror unterm Arsch, wandelt übers Wasser und macht aus einer Coke vier Millionen Cokes und aus einem Chewing gum sieben mal siebenundsiebzigtausend. Womit sie ihre erste Expedition zu den Pyramiden finanziert!

MAGGIE Schön wär's...

TED Voller Erfolg. Doch wenn sie heimkommt, fragt die Polizei-ei-ei: Wo bist du gewesen, Terrormädchen?

MAGGIE Niemand fragt. Außer morgen nach den unregelmäßigen Verben.

TED Jeder quetscht dich aus. Gestern komm ich heim um elf, sagt die gute Mutter: Weißt du, daß es elf vorbei ist? Dann hat der Eigentümer gepredigt. Kotz!

MAGGIE Das alles gibt's dann nicht mehr. Ich schwör dir, ich buddel dir den alten Ramses aus.

TED Wir schnappen uns die Wunderlampe und reiben sie und rubbeln sie und schnubbeln sie –

MAGGIE *macht sich von ihm los* Sau. – In Kanada kriegst du noch Land für'n Taschengeld. Mit Fischteich.

TED Mann, ich seh uns fliegen! Ramses macht die Flügel breit, die Himmelsmaschine, Uaou!, der Archo-und-Anarcho-Jumbo, ganz für uns allein, golden dahin über Meere, Wiesen, Kontinente, von denen die heutige Jugend nicht mal die Namen weiß!

MAGGIE Oder Schlittenhunde züchten in Alaska...

TED Kälter als hier ist es da auch nicht.

MAGGIE Game over, wir müssen Latein machen.

TED Das Glas fällt zu, das Schloß schnappt ein; drin liegst du kalt und flach und sehr allein...

MAGGIE Da hauen wir dich schon noch raus, Ramses und ich.

TED Beeilt euch.

INSPEKTOR *ruft* Name? Vorname? Geburtsdatum? Adresse?
Ted geht langsam zum Büro.
TED Die softe Tour, die grobe Tour...
INSPEKTOR Wir können noch ganz anders.
TED Glaub ich blind.
INSPEKTOR Also, Sie heißen?
TED *setzt sich* Gewiß doch. Heißen Sie auch?
INSPEKTOR Wir wollen doch eins gleich klarstellen, mein Junge: Wer hier fragt, das bin ich. Und das ist Herr Bayer, der für deine mildernden Umstände zu sorgen hat. Und wer hier die Antworten gibt, das bist du, mein Junge.
TED *ruhig* Dacht ich mir. Jetzt sag ich Ihnen was: Mit »Mein Junge« und so 'ner abartigen Papa-Tour läuft hier nichts. Ham Sie das gespeichert?
Der Psychologe bedeutet dem Inspektor durch Handbewegungen, die Ted nicht sehen kann, diese »Tour« fortzusetzen.
INSPEKTOR Du hast hier nichts zu verlangen, mein Junge. Ist das klar, mein Junge?
TED *springt auf* Nix is klar! Überhaupt garnix! *Hält ein, sieht sich zum Psychologen um* Hey, was'n das für'n Spiel. Ihr wollt mich anmachen. *Pfeift anerkennend* Clever. Bei euch muß man ja die Antennen ausfahren... *Lacht, schlägt die Hacken zusammen, salutiert* Inspektor?
INSPEKTOR Ober –
TED *laut* Jawoll, mein Oberinspektor! Zur Stelle Merschroth, Taddäus, wie meine Altvordern mich zu nennen beliebten. Keine weiteren Vornamen, obwohl jederzeit zur Wahl standen Isaac, Abraham, Kain, Abel, Esau –
INSPEKTOR Reicht!
TED *schreit* Unveränderliche Kennzeichen: gut dressiert. Aufrecht bei Tisch, Händchen sauber, Gabel in der Linken, Messer in der Rechten, Löffel zwischen den Beißern. Augen: blitzwach. Kopf: hell. Alter: Ende siebzehn. Sternenschicksal: Wassermann, Aszendent unbekannt!
INSPEKTOR Na also.
TED *ruhig, zum Psychologen* Glücksjugend, nennt sich unbeschwert. Besser gehabt, alles gehabt. Gehobene Verhält-

nisse. Glücksfamilie. Einen Bruder, Martin, zweiundzwanzig, floh verwirrt das Elternhaus und bat in ferner Universitätsstadt um Asyl. Wird nicht vermißt. Glücksbube. Schule: Problemlos, leistungswillig, Spitzen in Mathe, Physik, Chemie. Hobby: keins. Sexualverhalten: bei Gelegenheit ja. Schwanzgröße: zufriedenstellend.

INSPEKTOR Ist das alles?

TED *laut* Typ Vaterkiller mit Killervater, bei rechtzeitigem Eingreifen des Schöpfers: große Show.

INSPEKTOR Antworten Sie nur, wenn Sie gefragt werden.

TED *salutiert* Ei ei, Sööör!

INSPEKTOR Sitzen Sie bequem...

Ted setzt sich langsam.

INSPEKTOR Zigarette?

TED Wollen Sie mich vergiften?

PSYCHOLOGE Nie gekifft? Kein Dope?

TED Ich bin so clean, mir könnt ihr Babies ansetzen.

INSPEKTOR Sagen alle.

TED Die nackte Wahrheit. Leistungsgeneration. Wir sind Wassertrinker und Lolli-Lutscher, kapiert? Aus uns wird mal was. So sauber seid ihr nie gewesen, Leute. Wer raucht, stopft, schießt, schnüffelt und genießt, den hat keiner lieb, und er fällt durchs Sieb.

PSYCHOLOGE Arme Sau.

TED Ex und hopp, knüll und Müll. Umdenken, Inspektor!

INSPEKTOR Was haben Sie gestern von morgens um sieben bis abends um elf gemacht.

TED War ein irrer Tag. Herbes Aufstehen. Galaktisches Waschen. Geiles Zähneputzen. Scharfes Rasieren noch nicht gefragt. Spitze Anziehen. Rasantes Frühstück. Heiße mütterliche Streicheleinheit. Und dann die öde Insel: Schulä-Schulä-Schulä, Schulä-Schulä-Schulä.

PSYCHOLOGE Ich würde gern auf den Sonntag davor zurückkommen.

INSPEKTOR Bitte.

TED Ich nicht.

PSYCHOLOGE Weckt dich deine Mutter?

TED Habe, wie beliebt, eigene Weckmaschine. Piep, piep.

Oder, wenn beliebt, dudeldideldei-tschebam-tschebam – tschebudeldideldu... aber Mutti, mit dieser Bluse kann ich doch unmöglich ins Fernsehquiz, Millionen sehen zu! Wieso, die ist doch sauber?

INSPEKTOR Laß den Quatsch.

TED Ich kann nichts dafür, Inspektor. Jeden Morgen wach ich in den Armen einer Weißwäscherin auf, aber die Dame sträubt sich. Ich sag ihr: Zier dich nicht, alte Schleuder, gut gefegt am Morgen, und den Tag ohne Sorgen, ich mach's dir auch im Schonwaschgang. Aber sie droht mir mit dem Weichspüler und empfiehlt: Hol dir einen runter, das macht genauso munter.

Im Spielort Wohnung: Mutter und Vater am Frühstückstisch

MUTTER Ted! Frühstück ist auf dem Tisch.

VATER Jeden Sonntag dasselbe. Bin gespannt, wann der Junge mal lernt, pünktlich bei Tisch zu sein.

Ted kommt hinzu, setzt sich, greift nach dem Brot.

TED Mancher lernt's nie.

VATER *überdeutlich* Guten Morgen.

MUTTER Tee oder Kaffee?

TED Milch.

Schweigen

MUTTER *zu Ted* Iß dein Ei. Es wird kalt.

Schweigen

MUTTER *zum Vater* Noch Kaffee? *Der Vater nickt, sie schenkt ihm nach. Der Vater hört auf zu essen, lehnt sich zurück, greift nach den Zigaretten, beobachtet Ted.*

VATER Sag mal, willst du so mit uns rausfahren?

TED Was'n?

VATER Ist dir vielleicht aufgefallen, daß an deinem Hemd drei Knöpfe fehlen.

TED Nö.

VATER Mir aber.

MUTTER Ich mach das gleich. Das ist doch keine Affäre.

VATER *raucht* Nein, eine Affäre ist das natürlich nicht. Ein Knopf – das kann ich verstehen. Auch zwei – bitte, kann man mal in der Eile übersehen haben. Aber drei. Das ist Methode.

MUTTER Heinz, bitte.
VATER Darf ich vielleicht noch sagen, was mir gegen den Strich geht?
TED Nur zu.
VATER Ich hoffe auch sehr, daß mein Sohn nicht nur diese zerfetzten Jeans besitzt.
TED Wir sind hier schließlich nicht bei den Zigeunern...
VATER Allerdings nicht.
TED Du malochst auch hart genug, daß dein Sohn propper angezogen sein kann...
MUTTER Teddy...
VATER *ruhig* Es gibt Sätze, mein Junge, die tun einem später leid. Aber dann kann man sie nicht mehr widerrufen.
Schweigen
VATER Prächtig, wie dieser Sonntag wieder mal beginnt.
MUTTER Laß uns nach Grünweiler rausfahren.
TED Ich wußte, daß du das jetzt sagst. Irre. Ich wußte, daß du jetzt sagst: Laß uns nach Grünweiler rausfahren. Und da hast du's auch schon gesagt.
VATER Du kommst jedenfalls in dem Aufzug nicht mit uns mit.
TED Sagt ja auch keiner.
VATER Was war das?
TED Wenn's nach mir geht, bleib ich hier. Ihr wollt doch, daß ich dabei bin.
VATER Darf ich vielleicht nicht mal am Sonntag was von meiner Familie haben?
TED Ich kann dir ja 'n ordentliches Hemd und 'ne saubre Hose hinten ins Auto legen.
Der Vater greift nach seiner Serviette, um sie auf den Tisch zu werfen. Er steht auf, verläßt den Raum. Die Mutter steht halb auf, setzt sich wieder.
TED Jetzt geht er wieder auf's Klo.
MUTTER Mußte das sein, Teddy?
TED Wegen mir nicht. Reg ich mich über seine Krawatte auf?
MUTTER Du weißt, wie sehr er sich auf den Sonntag freut.
TED Ganz schön schroff. Mein Spiel ist das nicht. Psychoterror. Für ihn ist das 'n Heimspiel mit Punktvorteil...

»Mußte das sein...« Irre. Da fummel ich doch lieber im Bett.
Ted steht auf. Der Vater ist in der Tür aufgetreten. Mantel, Hut, Autoschlüssel.
VATER Entschuldige, mein Junge. Tut mir leid. Ich bin anscheinend ein bißchen überreizt. Die Woche war schlimm. Vielleicht sollte ich mir auch mal wieder die alten Jeans anziehen, nicht bloß zur Gartenarbeit.
Die Mutter lehnt sich an den Vater.
VATER Okay?
TED *wendet sich ab* Okay.
VATER Na dann. Wir können alle frische Luft brauchen.
Vater und Mutter ab
PSYCHOLOGE *ruft* Waren die Sonntage immer so, Teddy?
TED Ätzend. Sonntag is' Terror. Wenn ich 'ne Bombe schmeißen wollte, würde ich's an einem Sonntag tun.
PSYCHOLOGE Aus Wut gegen deinen Vater?
TED Der Mann hat's nicht leicht. Samstag vormittags der Wagen frisch aus der Waschanlage, schön blaumetallic, Oberpolish, Unterwäsche, tiptop, grauer Teppichboden frisch gesaugt, kein Fleckchen in irgendeinem Eckchen. Und da drin so einer wie ich. Das ist die Härte. Innerer Schweinehund – äußerer Schweinehund. Das schafft ihn. Rausfahren is' halt was Fertiges.
PSYCHOLOGE Das schafft dich.
TED Ich bin da tolerant.
Die Mutter hat inzwischen das Geschirr abgeräumt, neues hereingetragen, Brote belegt und in Teds Schultasche gepackt.
INSPEKTOR Die Fakten. Montagmorgen, Merschroth!
TED Piep piep, dudeldideldei – tschebamm.
PSYCHOLOGE Wachst du gern mit dem Gedudel auf?
TED Die Maschine hat einen irren Vorteil: Sie küßt nicht.
INSPEKTOR Du hast ein eigenes Zimmer.
TED Für den Jungen ist nichts gut genug.
INSPEKTOR Seit wann?
TED Er hat die schöne Eigentumswohnung gekauft. Da hab ich mein schönes Eigentumszimmer bekommen. Die Mut-

ter hat geweint vor Freude. Da macht die Sauberkeit doch gleich mehr Spaß.
PSYCHOLOGE Wer sagt das?
TED Der Heimspieler.
INSPEKTOR Wer?
TED Der Erzeuger und Ernährer. Der verdiente Verdiener.
PSYCHOLOGE Der Sonntags-Zombie.
TED Verbitte mir diesen Ton – Sie sprechen immerhin von meinem Vater.
Die Mutter reicht Ted die Schultasche.
MUTTER Beeil dich, Schatz, es ist fünf vor halb.
PSYCHOLOGE *ruft* Dein Vater war schon aus dem Haus?
TED Der Eigentümer verläßt das Nest gewöhnlich um halb sieben. Nicht fünf vor halb sieben oder drei nach halb sieben, nein um halb sieben. Montags Ausnahme. Montags fünf vor neun. Nicht um neun oder eins nach neun, nein montags fünf vor neun.
PSYCHOLOGE Pünktlichkeit, die du haßt.
TED Logo.
Der Vater hat, im Morgenmantel, am Tisch Platz genommen.
MUTTER Warum schläfst du nicht aus?
TED Jeder, wie er will.
VATER Ob ich das will oder nicht – danach fragt keiner. Wer nicht rechtzeitig am Schreibtisch sitzt, kommt nicht durch mit dem Pensum. Montags zehn Uhr. Nicht ankommen um zehn. Dort sein, mein Junge. Ganz gleich, was geschieht, Ausreden gelten nicht. Alles eine Frage der Organisation. Wer das nicht lernt, aus dem wird nichts.
TED Ich bewundere dich.
MUTTER Du mußt los.
Er zieht seine Jacke über, nimmt die Tasche untern Arm. Die Mutter streicht ihm übers Haar.
TED Bye!
PSYCHOLOGE *ruft* Dein Vater hat immer Zeit. Du nie.
Ted rennt los.
INSPEKTOR Die Fakten!
TED Zwei Stufen auf einmal, im ersten Stock die König, macht immer grade die Tür auf, wenn ich vorbeihüpfe, holt ihre

Zeitung rein, gutes Timing, immer nur lächeln, guten Morgen Taddäus, guten Morgen, Frau König, schon vorbei, langsam, Taddäus, ruft sie mir nach, jedesmal: Langsam, Taddäus! Und die Haustür schon in der Hand. Und da ruft sie nochmal: Heute kein Sport, Taddäus, heute kein Sport?
INSPEKTOR Uhrzeit.
TED Halb acht.
INSPEKTOR Schulweg?
TED Rojanstraße, Ebertplatz, Kirchstraße, Inselstraße.
PSYCHOLOGE Wie fühlst du dich?
TED Gute Laune, Gold im Mund.
INSPEKTOR Besondere Vorfälle?
TED Was?
INSPEKTOR Irgendwas passiert?
TED Passiert nie was!
PSYCHOLOGE Genauer, Ted, wir brauchen das ganz exakt.
TED Balla balla da capo.
Er ist wieder in der Wohnung angelangt, bleibt stehen, präsentiert die Eltern.
TED Dieser Herr ist mein Erzeuger und Ernährer. Ohne ihn bin ich nichts. Das werde ich ihm nie vergessen. Er will nur mein Bestes. Er sagt:
VATER Ausreden gelten nicht. Alles eine Frage der Organisation. Wer das nicht lernt, aus dem wird nichts.
TED Diese Dame ist seine Frau. Ohne ihn ist sie nichts. Das darf sie nie vergessen. Sie sagt:
MUTTER Beeil dich, Schatz, es ist fünf vor halb.
TED Folgt die mütterliche Streicheleinheit. Jeden Morgen gegen den Strich.
Ted rennt los.
TED Zwei Stufen auf einmal. Im ersten Stock die König, langsam, Taddäus! Und die Haustür schon in der Hand. Und da ruft sie noch einmal: Heute kein Sport, Taddäus, heute kein Sport! Scheiße, zurück nochmal, nochmal hoch zum Nest, an der König vorbei.
Ted rennt zur Wohnung. Die Mutter reicht ihm schon den Beutel mit dem Turnzeug entgegen. Er nimmt es, rennt weiter.
Und wieder runter, wieder an der König vorbei, immer nur

lächeln, ja, ruft sie mir nach, ja, montags Sport! Frau König paßt auf! Wenn wir Frau König nicht hätten! Die Stundenplan-Polizei-ei-ei...
INSPEKTOR Kein Aufenthalt?
TED Am Kiosk, die Zeitung, bei Grünling.
INSPEKTOR Woher stammt das Geld dafür?
TED Schon mal was von Schülergehalt gehört?
INSPEKTOR Wieviel?
TED Steuergeheimnis. Ham Sie Kinder? Nein? Tun Sie was dagegen! Die Bullen sterben aus!
INSPEKTOR Zwei Jungs hab ich.
TED Zwei Jungs. Armes Deutschland. Wieviel kriegen die?
INSPEKTOR Sie behaupten, immer zu wenig!
TED Kein Durchblick.
PSYCHOLOGE Was kriegst du?
TED Fünfzig die Woche.
Ted hat den Spielort Schule/Turnhalle erreicht. Er wirft die Tasche ab, beginnt sich umzuziehen.
INSPEKTOR Das ist ja 'ne Menge Geld.
TED Auch die Linke braucht Pinke.
INSPEKTOR Meine kriegen jedenfalls nicht so viel.
TED Bullenkinder haben's schwer, immer ist die Kasse leer!
Er sucht in dem Turnbeutel.
Scheiße!
Der Sportlehrer betritt, mit einem Basketball spielend, die Halle. Pfeift.
TED Die ist doch off! Gibt mir die Schuhe und vergißt die Hose! Das hältste doch im Kopf nicht aus.
SPORTLEHRER Merschroth! Extraeinladung gefällig?
TED Muß mir 'ne Hose organisieren.
SPORTLEHRER So! Merschroth muß sich 'ne Hose holen, hat Angst, sich die wertvollen Teile zu verkühlen!
Brandes, der grade hinzukommt, lacht. Ted wühlt in einer Kiste mit liegengebliebenen Sportsachen.
SPORTLEHRER Na wird's bald? Seidenschlüpfer ham wir hier nicht!
Brandes lacht. Ted hat eine etwas zu große Hose gefunden, zieht sie an.

SPORTLEHRER Herr Brandes bequemt sich auch schon.
BRANDES Guten Morgen, Herr Studienrat.
SPORTLEHRER Die ersten werden die letzten sein. Merschroth! Brandes! Mannschaften bilden! *Pfeift. Brandes und Ted wählen aus einer nicht sichtbaren Schülerreihe aus. Sehr schnell:*
BRANDES Behm.
TED Knoll.
BRANDES Willmann.
TED Sigalski.
BRANDES Schreiber.
TED Höck.
BRANDES Guldinger.
TED Brannecke.
BRANDES Mintazoff.
TED Bergmann.
BRANDES Zobel.
TED Iversen.
BRANDES Na ja, wenn's denn sein muß. Dirschl.
TED Stefano.

Der Sportlehrer pfeift das Spiel an, das von Ted und Brandes dargestellt wird. Auffällig der harte Einsatz von Brandes, wütende Reaktionen von Ted.
Während des Spiels:
PSYCHOLOGE Wie fühlst du dich dabei, wie ist das für dich?
TED Was?
PSYCHOLOGE Bist du gut im Sport?
TED Ziemlich. Immer unter den ersten an der Rampe.
INSPEKTOR Wie bitte?
TED Rampe, Mann! Mensch sortiert. Erste Wahl, zweite Wahl, Ausschuß. Die Guten ans Bällchen, die Schlechten ins Öfchen.
INSPEKTOR Was soll das heißen?
TED Vergiß es! Damals nix gewußt, heute nix kapiert. Auschwitz und Hiroshima – nichts davon weiß Großpapa. Keine Chance. Null.
INSPEKTOR Nun mal langsam!
PSYCHOLOGE Hast du dich beim Spiel geärgert?

Der Sportlehrer pfeift ein Foul, Brandes bereitet sich auf zwei Strafwürfe vor. Ted rennt zum Büro.

TED Jetzt mach mal die Hörer auf, Psycho! Es ist nichts passiert, klar? Ich hatte keinen Zoff, ich war nich' besonders gut drauf, out. Hast du das sauber durchgetickt? Okay?

PSYCHOLOGE Hab dich schon verstanden.

TED Tut gut, wenn man so klug ist.

Die Strafwürfe sind ausgeführt. Ted rennt zur Turnhalle zurück. Der Sportlehrer pfeift das Spiel wieder an. Dabei:

INSPEKTOR So kommen wir nicht weiter.

PSYCHOLOGE Abwarten. Der bricht noch auf. Das wächst nicht einfach so heran, und das wirft sich nicht so einfach weg. Wir haben den Punkt noch nicht. Aber wir kriegen ihn. Und dann wird der Hebel an die Schale gesetzt.

INSPEKTOR Der kann ja kein normales Gespräch führen.

PSYCHOLOGE Täuschungsmanöver. Für uns folgt daraus Zähigkeit. Härte, Druck und wieder Druck. Keine Schwäche zeigen. Pressen, bis er einsackt.

INSPEKTOR Geständnis.

PSYCHOLOGE Dann die Hand reichen, aufrichten, halten. Güte, Wärme, Körperkontakt. Im Augenblick des Vertrauens: Drohung mit Entzug. So erhalten wir das Motiv.
Danach bekommt er jede Hilfe, die wir geben können.

INSPEKTOR Das unterscheidet uns. Sie glauben immer, da wär noch was zu machen. Ich kenn den Typus.

SPORTLEHRER Gut so! Auf die Seite! Keine Müdigkeit, weiter, durch! Unten! Fair, Leute! Kreis sprengen! Ja! Und vor! Und Wurf! *Pfeift*

Blackout

Zweiter Akt

Im Polizeibüro: Die Mutter zur Befragung durch Oberinspektor und Psychologen
Im Spielort Schule: Ted im Klassenzimmer, an seinem Tisch, Zeitung lesend unter der Bank

INSPEKTOR Eine Pause? – Kaffee?
MUTTER Danke, es geht schon.
INSPEKTOR Gewiß schmerzlich für Sie, das alles noch einmal zu rekapitulieren. Aber ich muß Sie bitten, es von unserer Seite zu sehen. Mord ist nun mal kein dummer Jungenstreich, wo man ein Auge zudrücken kann und es auch gern tut –
MUTTER Ich beklage mich nicht.
INSPEKTOR Es fehlt uns das Wichtigste, gnädige Frau. Das Motiv.
MUTTER Ich habe alles, was ich weiß, zu Protokoll gegeben.
INSPEKTOR Die Ortsangaben, die Tatzeit, die Ereignisse und Daten drumherum, alles von Belang, alles schön und gut oder besser nicht gut, aber was wir suchen und was nur Sie kennen können, ist der Grund.
MUTTER Ich habe nachgedacht. Ich habe achtzehn Jahre durchdacht. Es gibt keinen Grund. Ich würde Ihnen gern helfen.
PSYCHOLOGE Helfen Sie Teddy.
MUTTER Er hat gehabt, was ein Kind braucht. Alles. Nachlässig waren wir nicht. Ebensowenig streng. Mein Mann war – gütig. Gerecht. Ja, wir haben uns um Gerechtigkeit bemüht.
PSYCHOLOGE Gerechtigkeit? Lieben Sie Ihren Sohn denn nicht?
MUTTER Man teilt seine Liebe auf unter den beiden Kindern, so gut man kann. Vielleicht ist das zuwenig. Es ist ja üblich geworden, daß immer die Eltern schuld sind...
INSPEKTOR *unterbricht* Wir sind weit davon entfernt, voreilig Feststellungen zu treffen. Das ist Sache des Gerichts. Gab es in den Tagen vor der Tat eine Auseinandersetzung, gab es Streit?
MUTTER Weshalb sollten wir streiten?

PSYCHOLOGE Ja, man streitet doch manchmal.
MUTTER Streit... ist nicht unsere Art. Wir sind eigentlich immer eine glückliche Familie gewesen.
PSYCHOLOGE Das ist selten.
MUTTER Ja. Leider.
PSYCHOLOGE Aber auch in glücklichen Familien gibt es Streit.
MUTTER Wir achten auf Zusammenhalt. Es geht uns gut.
INSPEKTOR Wir haben nichts anderes vermutet.
MUTTER Teddy ist vielleicht... ein bißchen aufsässig. Das ist in seinem Alter so. Dafür muß man Verständnis haben. Haben Sie Kinder?
PSYCHOLOGE Teddy ist nicht aufsässig. Er ist unglücklich. Er schottet sich ab!
MUTTER Sie kennen ihn nicht. Manchmal sieht er nicht ein, was notwendig ist, er kommt einem trotzig vor, kindlich...
PSYCHOLOGE Den Eindruck habe ich nicht.
MUTTER Er sieht älter aus, als er ist.
INSPEKTOR Er ist strafmündig.
Schweigen
MUTTER Es ist schwer, Kinder zu erziehen in einer so verrohten Gesellschaft... Für die Werte, die wir achten... Mein Mann...
Schweigen
PSYCHOLOGE Sie müssen mir nicht antworten; aber es wäre hilfreich: Hat Ted Sie jemals weinen sehen?
MUTTER Warum hätte ich weinen sollen?
PSYCHOLOGE Sie sind ja glücklich.
MUTTER Es scheint Sie zu stören.
PSYCHOLOGE *grob* Und sonntags fahren Sie raus, Vater-Mutter-Kind; jedenfalls das eine, das noch nicht fliehen konnte.
MUTTER *steht auf* Sie halten nicht viel von einem harmonischen Familienleben.
PSYCHOLOGE *laut* Sehr viel, wenn die Harmonie nicht täuscht.
MUTTER Herr Inspektor, ich bin nicht gekommen, um mich in der Situation einer Angeklagten zu finden!
INSPEKTOR Regen Sie sich bitte nicht auf. Niemand bezweifelt, daß Ihr Sohn unter denkbar günstigen Umständen herangewachsen ist. Eben das ist unser Problem.

PSYCHOLOGE *scharf* Empfinden Sie Trauer?
MUTTER Weshalb sollte ich?
Schweigen. Die Mutter begreift, setzt sich.
MUTTER Natürlich. – Ich hatte Sie nicht gleich verstanden.
PSYCHOLOGE Entschuldigen Sie.
MUTTER Nein, nein. Das alles verwirrt. Ich finde es... erschreckend. Wirklich erschreckend.
INSPEKTOR Das ist es zweifellos.
PSYCHOLOGE Waren Sie nicht nur »überrascht«? – Laut Protokoll lautete Ihre erste Aussage: »Ich weiß nicht, was ich dazu sagen soll. Ich bin überrascht. Damit war doch wirklich nicht zu rechnen.«
MUTTER Ich befand mich in einem Schock.
PSYCHOLOGE Geweint haben Sie nicht.
MUTTER Nicht vor irgendwelchen Beamten, die mir einen Blechsarg in die Wohnung tragen und Markierungsstreifen auf den Teppich kleben.
PSYCHOLOGE Vor Teddy?
MUTTER Ich weiß nicht. Ich glaube nicht. Der Junge hat genug durchgemacht.
Schweigen
INSPEKTOR Das wäre vorerst alles. Wir werden Sie vielleicht in den nächsten Tagen noch brauchen.
MUTTER *aufstehend* Ich bin zu Hause.
PSYCHOLOGE Eins noch, Frau Merschroth: Martin, Ihr Ältester. Er wollte mir nichts dazu sagen.
MUTTER Er ist sein eigener Herr.
PSYCHOLOGE Ich habe ihn angerufen. Sein einziger Satz dazu war: No comment.
MUTTER Ist das nicht sein gutes Recht?
INSPEKTOR Kommt er wenigstens zum Begräbnis?
MUTTER Martin weiß, was er seinem Vater schuldet.
PSYCHOLOGE Das fürchte ich auch. Danke, Frau Merschroth.
MUTTER *in der Tür* Ich möchte Teddy einen Anwalt schicken.
INSPEKTOR Das ist Ihr gutes Recht.
Die Mutter geht ab.
INSPEKTOR Manchmal denk ich, es gibt eine dem Schicksal innewohnende Gerechtigkeit...

PSYCHOLOGE *lacht* Ich kann in dem Durcheinander keine Kausalität erkennen. – Teddy! Wir haben mit deiner Mutter gesprochen.

TED *ruft* Darf ich raten? Kleiner Smalltalk. Ergebnis: Ted echt gefrustet wegen Wahnsinn-Gesellschaft, hängt aber noch nicht flach durch, kann bei geeigneter Gehirnwäsche in die Gemeinschaft der Weißwesten resozialisiert werden, falls nicht zuvor Overkillblitz alles fix und foxi macht.

PSYCHOLOGE Sie hält dich für ein Kind.

TED Einfach, aber wahr.

Im Spielort Wohnung Mutter und Vater vor dem Fernseher

VATER *ruft* Das solltest du dir ansehen, Teddy!

TED *ruft* Kein Bock!

VATER *ruft* Du könntest was lernen über unsere Geschichte. In der Schule kriegst du das nicht mit! Aber »kein Bock auf nix« ist natürlich bequemer.

TED *geht zu den Eltern* Wie ihr euch das so reinzieht, kein Bock auf nix, weil's so schön paßt!

VATER Na nun stör uns wenigstens nicht.

TED Kein Bock auf euch, das tät weh. Wer auf euch kein Bock hat, hat auf nix Bock, weil außer euch is nix.

VATER Ich hab dich ja schon verstanden.

TED Wenn doch was wär äußer euch? Ohne euch? Was, was ihr nicht kennt? Vergessen habt? Weiß der Geier, irgendwas ohne den Fernsehscheiß, ohne die Opfershow und die Tätershow und die Ich-war-bei-nix-dabei-Show und die Ich-war-dabei-aber-ich-hab-bloß-das-Beste-gewollt-Show?

MUTTER *steht auf, geht zu Ted* Du weißt ja nicht, was du redest, Junge.

TED Ich weiß, was ihr nicht redet und für euch labern laßt da in der Glotze!

VATER *ruhig* Komm mir nicht so.

TED So komm ich nich'. So geh ich. Und so is' der Martin weg.

Schweigen

MUTTER Martin bereut das.

TED Wann?

MUTTER Bald.

TED So alt und soviel Illusionen...

Die Mutter schlägt ihn. Der Vater bleibt ruhig sitzen. Die Mutter ist über sich selbst erschrocken. Ted steht ruhig.
TED Mann...
MUTTER Entschuldige. – Bitte! – Ich –
TED *locker* Keine Wichtigkeit.
VATER Alles hat seine Grenzen.
TED Is' bloß'n Chip durchgebrannt. Kommt bei den besten Zombies vor. Modul austauschen, alles in Butter.
MUTTER *versucht, ihn zu umarmen* Wir sollten uns vertragen.
TED *wehrt sanft ab* Mama. Keine Kiste.
Der Vater steht auf, schaltet den Fernseher aus.
VATER Womit haben wir eigentlich deine Kälte verdient.
TED Ihr meine Kälte? Jetzt brennt aber gleich bei mir was durch. Verdient? Mit täglicher Maloche oder was? Ich eure Kälte, du ihre, sie deine, ihr meine, was? Mein Gott – Plastik!
MUTTER *weinend* Ich versteh dich nicht, Teddy.
TED Jetzt mach's nicht auch noch ultrakompliziert!
VATER *zu Ted* Du weißt ja nicht, was du willst.
TED Die Chips. Es sind die verdammten seriengefertigten Chips...
INSPEKTOR *ruft* Rekonstruktion, Merschroth! Laut Aussage des Kioskbetreibers Grünling haben Sie etwa um dreiviertelacht bei ihm eine Zeitung gekauft?
TED Man hat in meinem Alter so seinen Stil.
PSYCHOLOGE Warum kaufst du die Zeitung, habt ihr keine zu Hause?
TED *zum Büro kommend* Die Zeitung ist Eigentum des Eigentümers, darum hat der Eigentümer das Recht, die eigene Zeitung mitzunehmen. Nicht fünf vor halb sieben oder drei nach halb sieben, nein, um halb sieben nimmt der Eigentümer die eigene Zeitung mit.
Ted ist im Büro, setzt sich. Die Eltern treten ab.
TED In der Tiefgarage wirft er sie auf den Rücksitz seines eigenen Metallic, blau. Da liegt die Zeitung schwarzweiß auf silbergrauen Polstern. Da sieht die Zeitung gut aus. Aber sie ist sehr allein. Abends bringt der Eigentümer die eigene Zeitung mit nach Hause in die Eigentumswohnung zur eigenen

Familie. Die Zeitung ist noch frisch, aber tot. Die Zeitung ist nämlich eine Eintagsfliege. Gelesen hat sie der Eigentümer nicht. Im Büro liest er andere Zeitungen, die kriegt er dort umsonst.

PSYCHOLOGE Das stinkt dir.

TED Es ist ziemlich ätzend, aber mir ist es egal. Haben Sie vielleicht Mitleid mit 'ner gefrusteten Zeitung?

PSYCHOLOGE Wann hast du deine gelesen?

TED Zweite, Geschichte.

INSPEKTOR Ist das erlaubt?

TED Lieber Herr, wo wird denn! Man könnte ja 'n Bewußtsein kriegen oder 'ne andre Krankheit.

INSPEKTOR Nicht ganz einfach, unbemerkt Zeitung zu lesen.

TED Üben.

PSYCHOLOGE Was stand drin?

TED Selber lesen bildet.

PSYCHOLOGE Ich hätte aber gern, daß du mir's erzählst.

TED Analphabetismus soll ja unter Psychos verbreitet sein.

PSYCHOLOGE Nehmen wir an, ich wäre blind.

TED *zum Inspektor, auf den Psychologen weisend* Der Mann ist krank.

PSYCHOLOGE Okay, stell dir vor, ich bin blind, oder ich tick nicht richtig oder ich bin Analphabet...

TED Inspektor – 'tschuldigung: Oberinspektor – wo bin ich hier? Beim Krüppel-Festival?

PSYCHOLOGE Ich höre, Teddy!

TED Phantastisch, er hört! Taub ist er wenigstens nicht! Hörst du die Zeitung, Psycho? *Schießt mit einer imaginären Maschinenpistole* Rattatam rattatam rattattattatam... *Ahmt Bomben- und Granaten-Einschläge nach* Ijuuoomm! Woamm! *Gerät immer mehr ins Spielen* Verhandlungen, blablablabla, Abrüstung, mauschelmauschel... *Umarmt die Luft, küßt* Rhabarberhabarberhabarber... Frieden hienieden, schmatz! *Kniet, schießt mit einem Gewehr* Pjuu pjuu! *Duckt sich* ssuumm, prw! ssuumm prw! *Steht, singt* Komm mit auf den Tahiti-Trip dschubiduwa... *Greift sich, getroffen, ans Herz* Wahh! *Stürzt, windet sich am Boden* Uahh! Ahh! *Springt auf* Konjunkturturturtur... *Arbeitet schnell am*

Fließband immer besser immer mehr immer besser immer mehr tick tack tick tack hick hack hick hack! *Bricht ab, nimmt die Haltung eines Redners ein* Ein Skandal, ich sage bewußt: Skandal! Und wenn wir hinkommen und räumen auf! Auf, sage ich! Auf! *Jault* Entsetzen und Grauen! Hund pinkelt an Menschenschatten in Hiroshima! Tragödie im Tierheim: Papagei dementiert seine Äußerungen! *Schießt aus der Hüfte* Pju zing pjui zing! *Bleckt die Zähne, schüttelt sich* Vampir von Boston kriegt die Todes-Spritze! *Steht ruhig, seriös* Zwei Punkte rauf, abstoßen. Gold? Sechs Punkte runter, kaufen, einskommavier Milliarden. Defizit? Mamas Schoß arbeitslos! *Streckt abwehrend die Hände nach vorn* Neiiin! Quietsch! Poff! *Rollt, angefahren, am Boden, sieht einer Radkappe nach* Schepper schepper schepper! *Ahmt, am Boden, Beischlaf nach* hechhechhechhech... Kegelklub vergewaltigt Kugel... hechhech... ahh! *Noch am Boden, startendes Düsenflugzeug* Ssssssüüüiijjj! Drei Terroristen ausgeschaltet, ausgeschaltet, ausgeschaltet! Knips knaps Rübe abs! Im Namen des Gesetzes! Im Namen der freien Welt! *Deutet entsetzt nach oben* Der Blitz! *Wird zu Boden geworfen* Die Druckwelle! *Springt, sich schlagend, gepeinigt herum* Zzschsch! Die Hitzewelle! *Verkrampft sich zu einer Horrorfigur* Ahh! Die Strahlung! Aaaahhh! *Mit völlig verzerrtem Mund* Alle geil auf Cruise Missile... Der Enkel und sein Opa wollten Frieden in Europa! Zu spät, Leute – Aaahhh! *Sinkt in sich zusammen, liegt »tot«*
Der Psychologe steht ruhig auf, nimmt den Brieföffner vom Schreibtisch, kniet sich neben Ted, setzt den Brieföffner mit der Spitze an Teds Rücken.

PSYCHOLOGE Das ist ein Messer. Eins von den Fleischmessern, die ganz hinten in der Schublade liegen sollen. Ich fand es aber auf dem Küchentisch.

Ted wirft sich auf den Rücken, zieht die Beine an.

TED Nicht! Bitte nicht!

PSYCHOLOGE Was sollte mich hindern?

TED *grinsend* Der Schöpfer. Abraham, du zielst umsunst, ein Engel dir auf's Zündloch brunst! Okay, Alterchen, alles Show. Tut mir leid, daß du dich so reingehängt hast. Stell dir mal vor, beinah wär dein Kleiner nur noch 'n Häufchen Asche gewesen...

PSYCHOLOGE *steht auf* Wenn er nicht eingegriffen hätte, wäre das Opfer vollzogen worden?

TED *entspannt sich* Der Kandidat hat hundert Punkte.

PSYCHOLOGE Deine Geschichte hat einen Fehler. Abraham war bereit, Isaac zu opfern. Der Vater den Sohn. Nicht umgekehrt.

TED Sie haben ein Eigenheim gewonnen. Irgendwann, Psycho, dreht alles sich ins Gegenteil. Pech für die Sieger von einst, die ersten werden die letzten sein, die Opfer sind die großen Klopfer.

PSYCHOLOGE Und du bestimmst den Zeitpunkt der großen Umkehrung aller Werte...

TED Keine weiteren Auskünfte.

Ted steht vom Boden auf und setzt sich auf seinen Stuhl.

INSPEKTOR Dann können wir wohl endlich wieder vernünftig miteinander reden.

TED Falschmeldung. Mit Bullen kann man nicht vernünftig reden.

INSPEKTOR Jaja...

TED Nicht mal Bullen können mit Bullen vernünftig reden.

INSPEKTOR Meinst du, ich laß mich von dir provozieren.

TED Ich weiß es.

INSPEKTOR Wir werden das im Protokoll vermerken.

TED Ich mach drei Kreuze drunter.

INSPEKTOR In der Zeitung hat was von einem Mord gestanden.

TED *zum Psychologen* Sehn Sie, der kann lesen.

INSPEKTOR Drei Jugendliche haben einen Klassenkameraden gehenkt. Sie nannten das: Eine gerechte Exekution.

TED Arme Säue.

INSPEKTOR Du hast also davon gelesen.

TED Mann! Ich sagte: Arme Säue. Das is' alles.

INSPEKTOR Mitleid mit den Tätern also.

TED Tilt.

PSYCHOLOGE Empfindest du gar nichts dabei?

TED Es ist ziemlich wuchtig, aber eigentlich der ganz normale Wahnsinn.

INSPEKTOR Okay. Kommen wir nochmal auf den Schulweg.
TED *stöhnt* Bittesehr. Ted hilft bei der Wahrheitsfindung, Ted is' brav. Ich möchte, daß das klar im Protokoll vermerkt wird. Taddäus Merschroth, Doppelpunkt, kooperativ.
INSPEKTOR Ich mach drei Kreuze drunter.
Ted geht in die Position Schulweg.
TED Ebertplatz, von da in die Kirchstraße.
INSPEKTOR Los! *Ted rennt*
PSYCHOLOGE Was geht in deinem Kopf vor?
TED Nix. Nix im Kopf. Linker Bürgersteig. Am Gemüseladen fährt der Panzer vor, wie jeden Morgen, die Frau im weißen Kittel schreit nach ihren grünen Kindern, der Panzer dreht den Turm –
INSPEKTOR Panzer?
TED Die Kämpfe dauern an. Piffpaffpoltri...
INSPEKTOR Was für Kämpfe?
TED Eene meene mu, kauft euch eine Kuh, eene muune mee, stoppt das Kakawe...
INSPEKTOR Tatsachen, Merschroth! Konkret!
TED Rieche Napalm, rieche Menschenfleisch, rrumms, da is der Bürgersteig weg, rrumms, muß weg, muß rüber, guten Morgen Herr Direktor, Morgen, mein lieber, brabbel brabbel, rattattat, duck dich, mein Gott, da brennt schon der ganze Laden, und die weiße Frau und die grünen Kinder stehn in Flammen...
PSYCHOLOGE Du denkst an irgendwas im Fernsehen gestern abend!
TED Denke nix, kein Abend, heut ist heut, morgen, spät, keine Zeit, durch die Ritze fällt Alice, Wunderland is Pommerland, da lacht die lila Mieze, ich komm zu spät, Häslein lauf, ich komm zu spät...
PSYCHOLOGE Denk nach, Ted! Was ist in deinem Kopf los!
TED Kein Kopf. Beine, nix wie Beine. Hase, Uhr, Beine, Hase, Beine, Uhr...
INSPEKTOR Ich will wissen, was für ein Laden da gebrannt hat und wo das war! Darüber muß es doch eine Meldung geben!
TED Der Laden liegt in Pommerland, und Pommerland in Feindeshand, das Kakawe wird ausgestellt, still strahlt es in

die weite Welt, und bringst du keinen Einser heim, dann schlag ich dir den Schädel ein...

PSYCHOLOGE Langsam, Ted, du bist sowieso zu spät, auf Minuten kommt's nicht mehr an.

TED Kommt immer auf die Minute an. Wer nicht pünktlich ist, wird nicht glücklich. Sekunde, du runde, Minute, du gute, tick tack fick fuck, wer nicht kommt zur rechten Zeit, kann sich gleich begraben lassen...

Maggie in ihrem Zimmer. Musik: Schuberts Winterreise

MAGGIE *ruft* Die Feuer sind niedergebrannt. Wir gehen ins Haus. Ramses startet zurück. Und im Haus –

TED *steht; ruft* Tun wir immer dasselbe.

MAGGIE Nie langweilig?

TED *kommt zu ihr* Nie. Manchmal kommt Ramses kurz rüber. Auf 'ne Tasse Schnaps. Und erzählt vom tollen Leben in der Wüste.

Er legt sich auf das Bett.

MAGGIE Märchen, Ted.

TED Nix gegen Märchen.

MAGGIE Wenn's die zwei Märchenfeinde nicht gäb.

TED Ratefix.

MAGGIE Waagrecht fixiert der eine, senkrecht der andre.

TED Waagrecht du. Senkrecht...

MAGGIE Die Schwerkraft. Waagrecht war auch falsch.

TED Scheißspiel. Was kriegt der Gewinner?

MAGGIE *legt sich zu ihm* Zwei Lateinstunden gratis.

TED Riesig.

MAGGIE Prämie: Aufhebung des numerus clausus bei Maggie.

TED Okay, Ted, schmeiß den Computer an. Märchenfeind senkrecht: Schwerkraft. Märchenfeind waagrecht: Die Zeit. – Scheiße, wie spät?

MAGGIE *greift nach dem Wecker* Zwanzig vor elf.

TED *springt auf* Mein Gott, Junge, die Mutter ist halbtot vor Angst, der Vater ruft die Polizei-ei-ei!

MAGGIE Ruf an, daß du über Nacht bleibst.

TED Die Eltern allein lassen? Die könnten ja glatt merken, daß es sie gibt.

In der Wohnung: Mutter im Morgenmantel, Vater im Anzug

VATER Weißt du, daß es elf vorbei ist.
MUTTER Gott sei Dank, daß du da bist.
Ted geht zu ihnen. Die Musik langsam aus. Maggie geht ab.
VATER Mutter hat sich Sorgen gemacht. Deinetwegen.
MUTTER Man denkt doch gottweißwas. Hast du wenigstens gegessen?
VATER *zur Mutter* Leg dich hin, Liebes, du brauchst deinen Schlaf.
MUTTER *zu Ted* Soll ich dir noch was machen?
TED Ich hab schon genug schlechtes Gewissen.
MUTTER Das war's nicht, was ich wollte. *Sie geht ab.*
Der Vater entnimmt dem Schrank eine Flasche Cognac und zwei Gläser.
VATER Eins kann ich dir sagen: Auf die Art kriegen wir Krach. Und ich will keinen Krach mit dir. Wir waren bisher eine Familie ohne Krach, und wir bleiben auch eine Familie ohne Krach. Das wirst du nicht ändern. *Gießt sich ein* Junge, Mensch, du weißt doch, wie Mutter ist. Magst du'n Schluck? *Ted wehrt stumm ab. Er scheint seinen Vater teilnahmslos zu beobachten.* Keine Angst, ich halte keine Predigt. Dein Großvater, der hielt Predigten. Nicht nur auf der Kanzel. Ich bin kein Pastor. Ich bin Prokurist. Für mich zählt nicht der gute Wille, sondern das, was rauskommt. –
Wenn du dich schon um deine Verantwortung hier drückst, könntest du verdammt wenigstens Rücksicht nehmen. Du bist weißgott alt genug. Oder verlang ich zuviel? –
Du sollst ja deine Freiheit haben.
Versteh ich doch! Glaubst du, ich komm immer gern nach Hause punkt sechs. Ich hab doch genug am Hals. Vier Sitzungen am Freitag – weißt du überhaupt, was das heißt, neben dem andern Kram, der sowieso täglich läuft? Mir steht's manchmal bis hier, bis hier, sag ich dir! Aber ich kann mich nicht drücken!
Dann darf ich zu Hause auch noch den Sanitäter spielen, weil deine Mutter umkippt vor Angst. Dir ist das egal. Kommst nach Hause, wann's dir paßt, wenn die Alten Angst haben, sind sie selber schuld.
Ich in deinem Alter... meine Güte. Lassen wir das. Andre

Zeiten, andre Sitten. Ist auch gut so. Ich bin wirklich der letzte, der sich einem gewissen Fortschritt in den Weg stellt. Alles richtig und gut. In Maßen.

Verstehst du, was ich dir sagen will? Ich bin auf deiner Seite! *Schweigen*

VATER Sag was! *Schweigen*

MUTTER *ruft aus dem Schlafzimmer* Heinz?

VATER *unterdrückt* Herrgott... Morgen komm ich schon mittags heim. Ich muß am frühen Abend nach Rom fliegen, dienstlich. Vorher könnten wir reden.

TED Privat.

VATER Von Mann zu Mann, Ted: Ich zähle auf deine... Solidarität. Mach's mir doch ein bißchen leichter. Bitte.

MUTTER *ruft* Heinz!

VATER *verärgert* Ja!

Ted läuft weg, rennt wieder.

VATER Teddy!

MUTTER *ruft* Kommst du?

VATER *leise, müde* Ja. Ich komme. *Geht ab*

PSYCHOLOGE Am Sonntag bist du mit ihnen rausgefahren, nach Grünweiler. Ihr habt zu Mittag gegessen. Ihr habt einen Spaziergang gemacht. Ihr seid nach Hause gefahren, habt Kaffee getrunken. Danach bist du nochmal weg. Zu deiner Freundin? Du bist zum Abendessen nicht heimgekommen. Du mußtest Rechenschaft ablegen über deine Zeit. Das alles hast du am Montagmorgen im Kopf, Ted!

TED Ted hat kein' Kopf, Ted hat Beine, Ted is' ein Hase, vorm Gemüseladen holen die Typen Kisten aus dem Panzer. Gelbe Gummianzüge, Gasmasken. Sie bewegen sich langsam. Neutronensalat, Montag immer Neutronensalat...

INSPEKTOR Alles Quatsch, Merschroth! Drumrumgerede! *Ted läuft zum Büro. Steht stramm*

TED Hase Merschroth meldet sich zur Stelle.

INSPEKTOR Warum ein Panzer?

TED Warum kein Panzer?

INSPEKTOR Also ein Lieferwagen.

TED Im Krieg gewesen?

INSPEKTOR Allerdings.

TED Na bitte. *Setzt sich* Es war ein Gemüsewagen. Ein Gemü-se-wa-gen. Klar genug? – Hätte genausogut ein Panzer sein können. Reiner Zufall. Sie trugen Salatkisten rein. Oder Giftgas. Oder nette kleine Teile für die Pershings? Weiß ich's? Ich weiß es nicht. Man steckt nicht in den Menschen, man steckt nicht in den Kisten, das Leben ist voller Wunder.
INSPEKTOR Das hältst du für eine klare Antwort.
TED Hoffnungslos. Ich verschwende meine Zeit.
INSPEKTOR *wütend* Merschroth!
TED *ebenso* Was denn! Sie verstehn ja nicht mal Ihren Bullenjob! Wenn das hier 'n Verhör sein soll, bin ich Graf Dracula!
INSPEKTOR *ruhig* Sie machen sich's nur selber schwer.
TED Jeder tut seinen Job, jeder an seinem Platz, jeder so gut er kann. Machen Sie was aus Ihrem Typ.
PSYCHOLOGE Am Schultor hast du Freunde getroffen.
TED Fehlanzeige.
INSPEKTOR Die Namen.
TED Zero.
PSYCHOLOGE Die andern treffen sich ohne dich.
Ted läßt senkrecht seinen Zeigefinger neben seinem Kopf kreisen: Warnlampe eines Notarztwagens.
TED Wuiep wuiep wuiep wuiep! Alarmstufe rot. Psychofalle. Blasser Außenseiter, total abgebaggert. Melancholie und Wahnsinn. Mußte ja kommen, wie's dann kam...
Ein Jammer, Psycho! Neununddreißigtausend Punkte, und jetzt das! Das macht den besten Flipper krank. Tilt. Leider kein Freispiel.
INSPEKTOR Wenn du so viele Freunde hast, warum wartet dann keiner auf dich.
TED Weil wir uns sowieso sehen beim Häkelnachmittag. Mann! Sport!
Nicht zugehört! Erste Stunde Sport. Gleich rein und an die Rampe! Bruder Schweißfuß, dämmert was? Der Mann mit der Pfeife im Mund! Körper und Geist, was im Barren nicht steht, hängt am Reck erst recht...
PSYCHOLOGE Du bist kein begeisterter Sportler.

TED God! Ich bin dies und das, und dies und das bin ich nicht, ich bin kein Laschi und kein Schniegel, ich bin kein Macho, ich bin kein Softi – ich bin normal, das gibt's noch: nor-mal!

PSYCHOLOGE Ein seltenes Exemplar.

TED *ruhig* Vergessen Sie alles, was Sie gelernt haben. Dieser Rat ist kostenlos.

INSPEKTOR *legt etwas auf den Tisch* Wir können uns revanchieren. 'ne Gürtelspange. Mit Adler und Hakenkreuz.

TED *kurz irritiert* Erinnerungsstück?

INSPEKTOR Dazu fällt dir natürlich nichts ein. Egon Brandes und Konsorten? Schlagringe, Tschakos, Kleinkaliber-Gewehre?

TED Mit dem Wichser hab ich nix am Hut.

INSPEKTOR Vielleicht hat er ja gelogen.

TED Ich leide unter Gedächtnisschwund.

INSPEKTOR Daß du nicht schlägerst, wissen wir. Es geht auch eher um's Gegenteil... gewisse Zärtlichkeiten...

TED Hörst du so'n Schweinkram gern?

INSPEKTOR Klären Sie mich auf, Merschroth.

TED Lernfähig, was? Und jetzt geil auf 'ne schöne warme Bubenstory. Is' nich. Nix passiert, außer was jeder kennt. Schon vergessen? So alt sind Sie doch noch gar nicht. Schneller Doppelwichs auf'm Schulklo? Mehr war nicht. Ich bin ziemlich bald ausgestiegen.

PSYCHOLOGE Du hast dich vor ihm geekelt.

TED 's hat's nicht mehr gebracht. Ich stand auf Solo. So teilten sich die Wege der Liebenden... Er hat seine Panzerheftchen gesammelt, und ich Wichs-Vorlagen. Er die Orden, ich die Mädels. Später hat er mir'n Eisernes Kreuz versprochen, wenn ich ihm Kontakt mache mit einer. Da war sein Ofen schon aus. Ich sag ihm, er soll sich von seiner Mama verarzten lassen, da kommt er mit seinen Typen in schwarz, die wollen Zoff, ich deute an, wer die Hakenkreuze ans Schultor gemalt hat, Herrschaftswissen, und Ruhe war. Der hat seine Gruppe und geht ballern in den grünen, grünen Wald, beim Wehrsport bleibt die Flöte kalt.

PSYCHOLOGE Nichts mehr seit damals?

TED Er is' nich' übel. Bloß total gebremst. Was der braucht, is

'ne ältre Mutter mit Erfahrung, aber so: geil auf's Neue Reich. Doch klar, wie so was kommt. Jede Menge Bock, aber nix für'n Stock. Also Nahkampfspange.
INSPEKTOR Rührend. Und während der Drohnenschlacht überkam dich das große Mitleid...
TED Was hat die Sau geredet?
Im Spielort Schule/Klassenzimmer ist die Biolehrerin aufgetreten. Brandes in der letzten Bank
BIOLEHRERIN Merschroth, ziehen Sie die Vorhänge zu!
Ted geht ins Klassenzimmer, setzt sich in die Bank zu Brandes.
BIOLEHRERIN In den letzten Stunden haben wir verschiedene Verhaltensformen im Tierreich verglichen, vor allem die der Sozialisation des Tieres im Verband seiner Art. Wir fragten nach dem Ansatz einiger Verhaltensforscher und nach der Übertragbarkeit von Erkenntnissen dieser Forschung auf den Menschen. Was wissen Sie davon noch, Brandes?
BRANDES Behaviorismus?
BIOLEHRERIN Das war eins der Stichworte. Unser heutiges Beispiel: Aggression als soziales Regulativ. Wir betrachten vergleichsweise grausame Vorgänge in einem hochorganisierten gesellschaftlichen Gebilde, dem Bienenstaat. Die Vertreibung der Drohnen. Die sogenannte Drohnenschlacht. Licht aus!
Sie schaltet einen Filmprojektor ein. Der Lehrfilm läuft.
TED Da fängt er neben mir an zu wackeln. Keucht wie beim Tausendmeterlauf. Immer ruhig, Junge, sag ich, und er: daß er sich die Biotante vorstellt, wie sie ihm einen zieht, gewagtes Bild, sag ich, sogar die Bienen auf der Leinwand sind ganz unruhig geworden. Ich soll mein Maul halten, sagt er, und ich merke erst, daß er nicht bloß Taschenbillard spielt. Ich sage: Melkst du dir einen weg, jetzt in der Stunde? Du hast wohl'n schlechtes Buch gelesen. Aber er nur wieder drauf, ich soll mein Maul halten. Da bin ich raus.
PSYCHOLOGE Das war alles? Du hast ihn nicht zufällig in der Pause zusammengeschlagen?
Ted steht auf, kommt langsam auf das Büro zu.
TED Ich ihn? Ich vergreif mich doch nicht an schwarzem Leder.

Brandes springt auf, ist mit wenigen Schritten bei Ted. Der Film bricht ab. Die Biolehrerin ist abgegangen.
BRANDES *packt Ted* Daß du die Schnauze hältst, ja?
TED *schüttelt ihn ab* Wichtigkeit.
BRANDES So was wie du kennt keine Kameradschaft.
TED *lächelnd* Lederwichser.
BRANDES Ich hab dich nich' verstanden.
TED Hitlerficker.
Brandes packt Ted mit beiden Händen am Kragen. Ted reißt die eine Hand weg und reißt Brandes' Arm steil nach oben.
TED Immer schön nach oben die Pfötchen! Heil dir im Wichserkränzchen.
BRANDES *macht sich frei* Ich warn dich. Wir fackeln nicht lang. Ich hab da 'ne gute Adresse. Maggie heißt die Mutter. Paß mal auf, daß ihr nichts passiert.
TED Wenn du da was drehst –
BRANDES 'ne Tussi, die dich drüber läßt –
Ted schlägt Brandes mit der Faust in den Magen. Brandes kippt ein, Ted wirft ihn zu Boden, kniet sich auf ihn.
TED Ich bring dich um. Ich versprech dir, ich bring dich um.
BRANDES Ich hab dich gewarnt.
TED Fick mit deinen Skins, ist das klar?
BRANDES Die machen dich leer, wenn sie das hören.
Ted steht auf. Wendet sich ab.
TED Das wär ja dann wenigstens mal was.
Brandes steht mühsam auf, geht ab.
INSPEKTOR Nun mal raus mit der Sprache. Was hast du alles für deine Schwulendienste kassiert?
TED Wenn ich so 'ne Drecksphantasie hätte wie Sie, hätt ich 'n Versandhandel aufmachen können. SS-Dolch zum Aufgeilen gefällig?
Der Inspektor springt auf und schlägt Ted ins Gesicht. Der Psychologe sieht ungerührt zu.
TED Das wollen wir aber nicht ins Protokoll schreiben.
INSPEKTOR Alles hat seine Grenzen.
TED Endlich: Der Häuptling läßt die Sau raus! Ich bin dabei, los, Lineal, Schlagstock, bißchen chemische Keule, was ham' wir noch? Er will ja so gern mal richtig zulangen, prü-

geln macht high, schick den Psycho raus, der macht uns nur die Sado-Show kaputt. Komm, Bulle! Komm! Jeder Schlag macht dich sicherer, daß die eigenen Söhnchen nicht solche sind wie Killer-Ted! Der Bulle kann nachmittags ruhig zu Hause schlafen... Ja? Kanner? Oder hat der Bulle Schiß? Fleischmesser in der Schublade? Ujujujuii! Raustun, wegschließen, in den Müll! Vergraben, ganz tief in der eigenen Scheiße! Vorsicht, Bulle, mit den langen Messern, schönes Spielzeug für Bullenkinder.

Liegt da in der Schublade, lacht dich an. Schon greift das arme Kind danach. Die Dinger liegen gut in der Hand, und hast du sie erst mal zwischen den Fingern, werden sie heiß, und sie tanzen, du glaubst es nicht Bulle, so'n Messer hat 'n eigenes Leben, tanzt, zuckt, und der Arm zuckt mit, und da sticht das arme Bullenkind, da sticht es zu, so, und so, zieht raus und sticht, und keiner ruft vom Himmel runter: Isaac! Befehl zurück, alles Show! Keiner. Da sticht das Kind nochmal mit aller Kraft, da kommt das Blut... du ziehst das Messer raus, kommt viel Blut... So geht das, Bulle, so...

Ted sackt auf seinem Stuhl zusammen.

PSYCHOLOGE So geht das, Teddy.

Schweigen. Der Inspektor zündet sich eine Zigarette an.

PSYCHOLOGE Teddy schämt sich jetzt. Teddy fühlt sich schuldig. Er ist auch schuldig. Aber nicht für immer. Einmal wird ein Schlußstrich gezogen werden.

Es tut gut, sich zu schämen. Um so eher kommst du da wieder raus.

Dann wirst du uns genauso brauchen, wie wir dich brauchen. Wir verstehen dich. Du mußt nur auf uns zugehen wollen.

Du kannst das ganz allein. Teddy bringt das selber wieder in Ordnung. Ein bißchen werden wir dir helfen müssen. Aber dann werden alle sagen: Teddy hat's gepackt. Er ist raus aus der Scheiße. Es geht ihm gut. Jetzt ist Teddy wieder okay.

TED *hebt langsam den Kopf* So wie ihr. Lieber verreck ich.

PSYCHOLOGE Das versteh ich, Teddy. Du brauchst das jetzt.

TED *erschöpft* Hör zu, Psycho. Ich taufe dich im Namen der

Plastikindustrie, im Namen der Schlafzimmerhersteller und der Kaugummifabrikanten auf den Namen: Pudding.
PSYCHOLOGE *nickt* Du bist sehr krank, Teddy...
TED *klappt wieder zusammen* O Mann.

Blackout

Dritter Akt

Ted liegt auf einem Tisch im Spielort Schule/Klassenzimmer.
Im Büro: Die Deutschlehrerin im Verhör

DEUTSCHLEHRERIN Direkt aufgefallen ist mir nichts, jedenfalls nichts, was darauf hätte hinweisen können. Gelegentlich in seinen Aufsätzen eine etwas eigenwillige Sprache, knapp, vielleicht hastig. Eloquent, würde ich sagen. Aber keinerlei Phantasien von Gewalttätigkeit. Eher im Gegenteil.
INSPEKTOR Der typische Pazifist.
DEUTSCHLEHRERIN Ich möchte ihn keinesfalls in irgendeinen Verdacht bringen. Kritisch – ja. In seinem letzten Aufsatz – ich hatte das Thema »Chancen der Demokratie« gestellt – bezeichnete Merschroth unser Land als »Automatenrestaurant«. Nicht als Vergleich, etwa in der Form »ein Land wie ein Automatenrestaurant«, sondern synonym, er schrieb ausschließlich von »Automatenrestaurant« anstelle von Land oder Staat oder Republik. Möglicherweise im Wort »Restaurant« ein Hinweis auf Restauration, restaurative Tendenzen oder dergleichen, vielleicht ist das seine Meinung, wir beobachten ja zunehmend, daß die Jugendlichen ihre politischen Ansichten hinter Andeutungen verbergen, ich sehe darin eine bedenkliche –
INSPEKTOR *unterbricht* Das gehört nicht hierher.
DEUTSCHLEHRERIN Nicht, daß das meine eigene Ansicht wäre, aber eventuell doch das Gefühl der Einschüchterung, selbstverständlich ohne jeden Grund.
PSYCHOLOGE Das Schriftbild?
DEUTSCHLEHRERIN Merschroth hat eine leserliche Schrift, durchaus bereits geprägt, vielleicht etwas rund, weich. Leider eine katastrophale Zeichensetzung. Auch in seinen gelegentlichen Beiträgen zur Schülerzeitung muß viel korrigiert werden. Ich bin ja da zuständig.
PSYCHOLOGE Doch wohl auch inhaltlich?
DEUTSCHLEHRERIN Die Schüler wissen gut, was sie veröffent-

lichen dürfen, und was nicht. Einmal hatte ich ein Problem mit Merschroth. Er wollte eine kleine Geschichte publizieren, die sich angeblich im Sportunterricht ereignet hatte – der Kollege soll da einem Mitschüler, der ohne Schuhe turnte, gesagt haben: »Deine Füße stinken so, damit kannst du Juden vergasen.« Merschroth hielt das für eine bemerkenswerte Geschichte. Wir sprachen darüber.
PSYCHOLOGE Sie haben die Veröffentlichung untersagt.
DEUTSCHLEHRERIN Merschroth hat sich sehr einsichtig gezeigt.
INSPEKTOR Das wäre alles. Vielen Dank.
DEUTSCHLEHRERIN *steht auf* Ich würde ihm so gern helfen...
PSYCHOLOGE Das würden wir alle gern.
Schweigen. Sie steht unsicher. Geht ab.
INSPEKTOR Ich habe Deutschlehrer immer gehaßt, und ich weiß, warum.
PSYCHOLOGE *ruft* Ted! Wieder okay?
Ted richtet sich auf, setzt sich auf die Bank.
TED Allzeit bereit! Lassen Sie die Zeitmaschine anlaufen, Oberinspektor. Vor, zurück, wie beliebt. Taddäus Merschroth ist Ihr zweiter Mann.
PSYCHOLOGE Die Fahrt geht nach innen.
TED Sperrgebiet.
PSYCHOLOGE Wir könnten deine Mutter als Copilotin anheuern.
TED Die Dame ist für Zeitreisen nicht trainiert.
PSYCHOLOGE Dann eben deinen Bruder.
TED Martin is 'ne Nummer zu groß für euch.
INSPEKTOR Weshalb ist er abgehauen?
TED Hatte wohl keinen Grund, zu bleiben.
PSYCHOLOGE Das muß schwer gewesen sein für dich. Martin verschwindet, läßt dich allein zurück mit deinen Eltern, du fühlst dich im Stich gelassen. Aber gleichzeitig bewunderst du ihn. Irgendwann wirst du auch weg können und Martin begreiflich machen, wie das für dich war...
TED Sie sollten Comics schreiben.
PSYCHOLOGE Vielleicht warst du eifersüchtig auf ihn. Er war älter, hatte mehr Freiheit zu Hause. *Ted lacht.* Und dann verdrückt er sich auch noch.

TED Das Niveau der Story sinkt von Satz zu Satz.
PSYCHOLOGE Eines Tages weißt du plötzlich, was du tun mußt. Du wirst nicht fliehen, wie er. Du wirst ihm beweisen, daß du mehr drauf hast. Das war die Entscheidung.
TED Und dann Ramba zampa in der Pampa! Mann! Mit so viel Plastik im Kopf wär' ich längst tot!
INSPEKTOR Als Motiv zumindest klingt es nicht schlecht.
TED *kommt zum Büro* Natürlich hat er mich im Müll sitzen lassen. Der kleine Teddy hat geschrien und geflennt, sich die Haare gerauft, das Hemd zerrissen. Aber nichts half ihm. Er saß allein im großen Familienglück. Drei Jahre, drei lange Jahre begrub er Kummer und Schmerz in seiner kleinen Brust, bis er eines Tages an der offenen Besteckschublade vorbeikam. Da nahm er sich erst ein Herz und dann ein Messer.

Alles nur wegen Martin. Recht hat er gehabt. Er hatte sein Abi in der Tasche. Und ich – ich hatte bloß große Pause.
Im Spielort Schule ist der Mathematiklehrer aufgetreten.
MATHELEHRER Teddy!
Ted geht zu ihm. Er ist jetzt vierzehn Jahre alt.
MATHELEHRER Da ist ein Brief für dich abgegeben worden.
Ted hält den Brief unschlüssig in der Hand.
MATHELEHRER Willst du ihn nicht lesen?
Ted liest.
MATHELEHRER Ist was passiert?
Ted faltet den Brief, steckt ihn zurück ins Kuvert.
MATHELEHRER Du bist ja ganz weiß, Teddy. Ich bring dich ins Sekretariat.
TED Ich muß mal telefonieren.
Mathematiklehrer ab. Ted wird zurückgehalten von:
PSYCHOLOGE Du wußtest zum ersten Mal nicht, was du tun solltest.
TED Mann, ich war vierzehn.
INSPEKTOR Du hast deine Mutter angerufen?
TED Männersache. Der Eigentümer stottert, ich stottere. Er käme sofort ans Schultor. Ich soll warten. Das war ganz schön schrill.
Der Vater kommt zum Spielort Schule. Abgehetzt. Ted gibt

ihm ohne Begrüßung den Brief. Der Vater überfliegt den Brief.

VATER Eben abgegeben worden? Einfach abgegeben. Prächtig. Sehr mutig. *Liest* »... weg aus dem ganzen Mief hier...« So ist das. Mief. Das ist der Dank. *Liest* »... ganz anders leben als ihr...« *Lacht* Naja. Du kommst wieder, Bürschchen.

TED Steht aber nicht da, daß er wiederkommt.

VATER Nein, mein Kleiner. Aber er kommt wieder. Dafür leg ich die Hand in's Feuer. Soll sich bloß nicht einbilden, daß ich solche Eskapaden auch noch finanziere. Tut mir leid.

TED Er schreibt doch, daß er arbeiten will.

VATER Arbeiten! Ha! Martin und arbeiten. Der wird sich umgucken. Von wegen »ganz anders leben«.

Die Schulklingel läutet.

TED Ich muß rein.

VATER Ja, mein Junge. *Umarmt ihn* Wie bringen wir das Mutter bei. Weg ohne Abschied. Die steht das nicht durch. *Läßt Ted los* Was um Himmels willen haben wir falsch gemacht.

TED Soll ich ihm schreiben, daß er heimkommen soll?

VATER Du? Nach der Schule kommst du sofort heim, auf dem schnellsten Weg, Mutter wird dich brauchen.

TED Ja, Papa.

Der Vater geht schnell ab.

TED *zum Inspektor* Er kam nicht zurück. Schon gar nicht auf Knien. Hat 'n feines Leben. Paar Jobs. Und die gute Mutter schickt Geld.

PSYCHOLOGE Schämt er sich nicht, das anzunehmen?

TED Pecunia non olet. Irgendwann zahlt er alles zurück.

INSPEKTOR *scharf* Was war am Montag in der dritten Stunde?

TED Aber bitte bitte, was war denn nun die dritte? Die dritte, die dritte, das ist die Stunde in der Mitte.

INSPEKTOR Wir haben Zeit.

TED Das Leben ist kurz. Echt, mir fällt der Name des Fachs nicht ein.

INSPEKTOR *liest* Die Chancen der Demokratie...

TED Warum bin ich bloß nicht gleich drauf gekommen! Dritte montags Deutsch.

PSYCHOLOGE Du hast geschrieben, unser Land sei ein Automatenrestaurant?

TED »Überanstrengt«, hat sie an den Rand geschrieben. In Rot.

PSYCHOLOGE Aber sie hält viel von dir.

TED Die will gelegt werden, aber keiner von uns tut ihr den Gefallen.

INSPEKTOR Streik der Casanovas! Seid ihr eigentlich alle schwul?

TED *springt auf, salutiert* Vierte Bio, fünfte Mathe, sechste Physik. Mit mehr kann ich nicht dienen, Söör! Rosa ist nur der Direktor: Die ganze Schule kriecht ihm in den Arsch!

INSPEKTOR *unterbricht* Sie sind gleich nach Hause gegangen?

TED Jawoll, Söör!

INSPEKTOR *schlägt auf den Tisch* Schluß mit den Märchen!

PSYCHOLOGE *zum Inspektor* Wir wollten diesen Ton vermeiden.

INSPEKTOR Sie dürfen gleich wieder sensibel werden. Hier geht es um die Wahrheit.

TED *zum Psychologen, auf den Inspektor weisend* Er hat eben einfach zuviel Power!

INSPEKTOR Wenn's nach mir ginge, wär das hier ganz kurz und schmerzlos.

TED Hundertprozentig.

INSPEKTOR Die Schule war aus um zwölf Uhr fünfundvierzig. Sie hätten also gegen dreizehn Uhr fünfzehn zu Hause sein können.

TED Minus mal minus gibt plus.

INSPEKTOR Laut Aussage Ihrer Mutter waren Sie um vierzehn Uhr noch nicht zu Hause.

TED Und meine Ma täuscht sich da bestimmt nicht, Inspektor...

INSPEKTOR Eineinviertel Stunden. Was haben Sie dazu zu sagen?

TED Was hab ich dazu zu sagen? – Nun komm schon, Ted, was hast du dazu zu sagen? Hab ich dazu nichts zu sagen? Natürlich hast du dazu was zu sagen, Ted! Klar, vielleicht bin ich sehr langsam nach Hause gegangen? Siehst du, Ted, du bist wahrscheinlich sehr langsam nach Hause gegangen –

INSPEKTOR Wenn du mir so kommst, schalt ich auf stur.
TED Sie flacken zuviel vor der Glotze.
INSPEKTOR *zum Psychologen* Aussageverweigerung.
TED Nicht doch, ich bemüh mich ja, echt. Da war doch noch der Krieg im Gemüseladen. Mußte nachsehen, wieviel Tote 's gegeben hat. So was läßt man sich nicht entgehn. Der Eigentümer nimmt immer das Gas weg, wenn auf der Gegenfahrbahn einer auf'm Dach liegt, 'n halbes Bein aus der Tür und der Bikini über der Leitplanke.
INSPEKTOR Wie du willst. Rekonstruktion! Zwölf Uhr fünfundvierzig, Schultor Inselstraße!
TED *geht zum Spielort Schule; singt / Volkslied »Jäger lauf«* Lauf, Teddy, lauf, Teddy, lauf, lauf, lauf, du armer Teddy, lauf!
PSYCHOLOGE *zum Inspektor* So geht das nicht.
INSPEKTOR Es geht nur so. *Ruft* Los!
Ted rennt wieder.
TED Schultor links. Guck mal, wie die Leute aussehn, alle den Blitz im Gesicht. Ernstfall. Brandes, sieht nicht her. Den blasen sie auch noch mal weg. Rattattatam. Litfaßsäule. Herr Litfaß starb und hinterließ eine Säule, was für ein Leben!
Ted steht an der Säule.
TED Apocalypse now. Wummtata, tchiiüüü-prwumm!
Er umrundet die Säule mehrmals.
TED Schluckimpfung ist süß, keine Angst, Leute, alles im Griff, Welthunger, der Eigentümer zahlt, sie können ihre Kinder nicht umarmen, keine Panik, der Eigentümer zahlt, Krebshilfe, schnipp schnapp, der Eigentümer zahlt, »Bild« hilft den Opfern von »Bild«, immer fair bleiben, Lepra, der Eigentümer zahlt, Hilfe, Kondome, Hilfe, Kondome, Hilfe! Bei allen Sparkassen, Banken, Postämtern, das große Glück, wollten Sie Ihrem Chef nicht endlich mal die Meinung sagen, Hilfe! *Singt / Beatles* Help! I need Your money, Help! I need Your money...
PSYCHOLOGE Wer ruft um Hilfe.
TED Die Säule! Die Säule hat ein Riesenmaul, darin sind alle Zähne faul, hat Vater nicht noch Mutter, und keiner bringt ihr Futter...

PSYCHOLOGE Wir machen sofort eine Familienskulptur!
TED *steht* Was für'n Ding?
INSPEKTOR Das hält bloß auf.
PSYCHOLOGE Dann hält es eben auf, geh nach Hause, Teddy!
Ted trabt zum Spielort Wohnung.
TED Reine weiße, kleine heiße Psychoscheiße...
In der Wohnung stehen die Eltern reglos nebeneinander.
PSYCHOLOGE Gut. Jetzt nimm deine Eltern und stelle oder setze sie irgendwo hin. Dann dich selbst dazu, so wie du deine Eltern und dich selbst siehst und empfindest. Oder wie du ein Bild von euch malen würdest.
TED Bin ich bekifft, auch noch'n Bild malen?
PSYCHOLOGE Mach irgendwas mit ihnen.
Ted führt seine Eltern wie Puppen in zwei Sessel vor dem Fernsehgerät. Er schaltet den Apparat ein. Stellt sich abseits
PSYCHOLOGE Du sitzt also nicht dabei?
TED Würg!
PSYCHOLOGE Was läuft im Fernsehen?
TED Der normale Wahnsinn.
PSYCHOLOGE Sprechen deine Eltern miteinander?
TED Müll.
Er gibt, mit den Fingern schnalzend, seinen Eltern den »Einsatz«.
MUTTER Wann fliegst du?
VATER Am frühen Abend. Geht zur Zeit nur eine Maschine.
MUTTER Nur eine? Nach Rom?
VATER Streik. Man kennt ja die Italiener.
Schweigen
PSYCHOLOGE Berühren deine Eltern sich nicht?
TED Igittigitt.
MUTTER Am frühen Abend.
VATER Neunzehn Uhr zwanzig. Ja, komisch.
MUTTER Ja?
VATER Ausgerechnet nach Rom nur eine Maschine. Statistisch ist die Chance geringer. Hoffentlich geht sie wenigstens pünktlich.
MUTTER Was ist geringer?
VATER Die Chance.

MUTTER Statistisch.
VATER *lacht* Ja.
MUTTER Hast du das ausgerechnet?
VATER Eins von tausend hat eine Bombe an Bord.
MUTTER Was du redest.
VATER Ich sag ja nichts. Dummes Zeug.
MUTTER Statistik. Du machst einem richtig Angst.
VATER Mach dir keine Sorgen, Liebes.
PSYCHOLOGE Und du?
TED Nix.
PSYCHOLOGE Keine Angst um deinen Vater?
TED Wenn's gewünscht wird...
PSYCHOLOGE Irgendwas empfindest du doch...
TED Plastik.
PSYCHOLOGE Angst vor ihm?
TED Er ist die Liebe selbst.
INSPEKTOR Ausflüchte! Ich bestehe auf Viertel vor eins!
Ted rennt zur Litfaßsäule, umrundet sie.
TED Rotes Kreuz gestern, Gelbkreuz heute, Eisernes Kreuz morgen, die heißeste Peep-Show der Welt, zärtliche Sauna...
PSYCHOLOGE *zum Inspektor* Typische Konstellation.
INSPEKTOR Das ist doch alles nicht normal.
TED *rennend* Drei Schwedinnen in Tirol, Todestitten, mondo nudo, Peitschenmädchen, Die Leder-Witwe...
PSYCHOLOGE Sie irren sich, es ist stinknormal. Jeden Tag bringen sich Kinder um.
INSPEKTOR Aber nicht ihre Väter. *Brüllt* Merschroth!
TED *steht* Zu Befehl?
VATER *ruft* Geh auf dein Zimmer!
TED *zum Inspektor* Das hatte nichts damit zu tun! Müssen Sie Ihren Rüssel in jeden Dreck hängen?
INSPEKTOR Ich erwarte Gehorsam, Merschroth!
VATER Du sollst auf dein Zimmer gehn!
Ted geht zur Wohnung. Vom Tisch nimmt er ein paar Pornohefte, klemmt sie unter den Arm.
TED Ich hab doch bloß gefragt, ob du den Kram heute zurück willst, oder ob's morgen reicht.

MUTTER Wovon redet ihr eigentlich?
TED Was man sich ausleiht, muß man pünktlich zurückgeben. Ob Goethe oder Schweinkram: Es bleibt doch immer sein Kram.
VATER Ich sag nicht nochmal, daß du auf dein Zimmer –
TED *unterbricht* Easy! Das kommt in den besten Familien vor.
MUTTER Kann mir vielleicht endlich einer sagen, worüber ihr –
TED *wirft die Hefte auf den Tisch* Kein Grund zur Aufregung, Mama. Sind bloß ganz normale Pornos. Nix sado, nix sodo, nix masoch. Pünktliche saubere Plastikpornos.
VATER *leise* Raus.
TED *im Gehen* Sorry... Macht des Schicksals...
Ted schließt hinter sich die Tür, lehnt sich mit dem Rücken daran. Im weiteren Verlauf der Szene geht er zum Kleiderschrank des Vaters, zieht sich einen von dessen Anzügen an, bindet sich eine Krawatte um, lehnt sich dann wieder an die Tür.
MUTTER Sex-Magazine. *Sie vermeidet angestrengt den Anblick der Hefte.* In deinem Alter. Du widerst mich an.
PSYCHOLOGE Du hast ihm nachspioniert.
TED Meister Zufall hat zugeschlagen. Er stellt seine Aktentasche im Flur ab, ich stoße dran, sie kippt um, die Dinger rutschen raus. Da hab ich sie mir angesehn.
PSYCHOLOGE Den Alten regelrecht erwischt. Und ihn in seiner Angst braten lassen, wer das Zeug wohl entdeckt haben könnte...
TED Er hat mir irgendwie leid getan.
MUTTER *abgewendet vom Vater* Erklär mir nichts.
VATER Das wäre wohl auch vergebliche Liebesmüh.
Schweigen
MUTTER Was der Junge jetzt denkt. Sein eigener Vater...
VATER Der Junge. Der Junge. Wenn du irgendwann mal dran gedacht hättest, was mit mir ist!
MUTTER Viel zu oft.
VATER *lacht bitter* Ja. »Wir sind doch keine Kinder mehr, Heinz«, »Laß uns vernünftig sein, Heinz« –
MUTTER Jetzt bin ich es?
VATER Niemand ist es.

MUTTER Ich werde verrückt, ich werde auf der Stelle verrückt. *Schreit* Für wen denn? Wer hat denn den Trost gebraucht?
VATER Trost...
MUTTER Was ist denn gewesen – ... Streß, Büro, weißgott was alles! –
Dein verdammter Stolz!
Schweigen
VATER *leise* Es ist, als hättest du – nie – auch nur das Geringste von mir verstanden. Nicht mal gespürt. – Ja, Trost. Dieser widerliche mütterliche Trost.
MUTTER Hätte ich dir was vormachen sollen? Hat der große Auftritt gefehlt? Stöhnen, da capo, Stöhnen, da capo? Wenn du wenigstens den Mut gehabt hättest, in ein Bordell zu gehen!
VATER Sei still, bitte.
MUTTER Was bildest du dir ein! So toll war's nicht... Und was mein Gefühl angeht, ich hab auch Phantasie!
VATER Hör auf!
MUTTER Ich konnte mir weißgott auch andres vorstellen. Nicht pünktlich am Wochenende...
Der Vater packt sie an den Schultern, schüttelt sie.
VATER Du sollst still sein!
MUTTER Und nicht pünktlich im Urlaub!
VATER *brüllt* Du bringst mich um du bringst mich um!
Er stößt sie in den Sessel. Dreht sich erschrocken weg.
TED *für sich* Alles okay, keine Panik. Wenn's nich' mehr geht, geht's eben nich' mehr, dann geht's doch weiter irgendwie...
Singt/ Udo Lindenberg »Ich hau jetzt ab nach Paris, da ist das Leben so süß, da trink ich Sekt im Alcazar und tanze Cha-Cha-Cha... Uh! Chachacha.«
VATER Verzeih. Ich habe mich gehn lassen.
MUTTER Du warst ehrlich.
VATER Die ganzen Jahre. Immerzu. Immerzu. Die Arbeit. Die Familie. Die Arbeit. Und plötzlich: Nur ein großer Verlust.
MUTTER Reiß nicht alles ein. Es war eine gute Zeit.
VATER Als ob man in einem Glaskasten liegt. Draußen rennt alles vorbei. Man sieht sie lachen, sich freuen, weinen, Erfolg haben, glücklich sein. Man ist nicht dabei. Da ist die

durchsichtige Wand. Wenn du Glück hast, kommt mal jemand, drückt sich die Nase platt und sieht dich mit großen Augen an und denkt: Der da drin hat's gut.
Weil du weißt, daß dich sowieso keiner hört, schreist du auch nicht. Irgendwann begreifst du, daß sie dich in diesem Glaskasten unter die Erde schaffen werden. Aber ich hab schon mein Leben lang drin gelegen. – Nein, nicht mein ganzes Leben. Früher muß ich mal draußen gewesen sein. Aber ich weiß nicht mehr, wie das war.

MUTTER Wir waren nie sentimental, Heinz. Und wir werden es auch jetzt nicht.
VATER Verzeih mir.
MUTTER Einer muß mit dem Jungen reden.
VATER Dein ausgeprägter Sinn für das Nahliegende...
MUTTER Es ist unumgänglich. Am besten wir beide.
VATER Du verzeihst mir?
MUTTER Ich habe dir nichts zu verzeihen. Du bist nicht schuld.
Ted betritt das Zimmer, betont locker.
TED Alles klar auf der Andrea Doria?
VATER Was soll die Maskerade.
TED Wollte mal wissen, wie man sich drin fühlt.
VATER Nun weißt du's.
TED Jenseits von Gut und Bestie. Kann ich euch irgendwie helfen?
MUTTER Wir müssen mit dir reden.
VATER *rasch* Ja. Ich denke, wir sind dir eine Erklärung schuldig.
TED Tote Hose.
VATER Was?
TED Kopf hoch. Neues Spiel, neues Glück. Noch viel ist zu tun, packen wir's an!
Die Eltern sehen ihn stumm an.

Blackout

Vierter Akt

Ted steht mit der Schultasche unterm Arm an der Litfaßsäule. Im Büro wird Maggie befragt.

MAGGIE Er war bei mir bis abends. So gegen sechs.
INSPEKTOR Das können Sie beeiden.
MAGGIE Sie sind nicht der Richter.
INSPEKTOR So hat das keinen Zweck, Fräulein Tetzner. Er ist heim gegangen. Wir haben Zeugen. Um vierzehn Uhr fünfzehn war er zu Hause. Laut Aussage der Nachbarin, einer Frau König.
MAGGIE Spitzel sind wieder gefragt.
PSYCHOLOGE Sie hängen sehr an Teddy.
MAGGIE Er heißt nicht Teddy, er heißt Ted.
PSYCHOLOGE Er ist ein ganzes Stück jünger als Sie.
  Schweigen
INSPEKTOR Ist das eigentlich so üblich: Mit Nachhilfeschülern Verhältnisse anzufangen?
MAGGIE Ist es üblich, daß Sie derart schwachsinnige Fragen stellen?
INSPEKTOR Für die Ermittlungen ist wichtig, ob sich der Unterricht mehr auf die lateinische Sprache oder mehr auf das römische Leben bezog.
MAGGIE Wenn es so wichtig ist, werden Sie's gewiß herausfinden.
PSYCHOLOGE Wir versuchen nur, Ted zu helfen.
MAGGIE Sie machen ihn kaputt.
INSPEKTOR Sie allein wissen, was gut für ihn ist...
MAGGIE Ich versuche, für ihn da zu sein.
PSYCHOLOGE Haben Sie an Ted in den letzten Tagen eine besondere Unruhe bemerkt – verstärkte Aggressivität?
MAGGIE Machen Sie Witze? Sie sind aggressiv, die ganze Situation hier ist aggressiv. Sie können froh sein, wenn Ted Ihnen hier nicht alles kurz und klein schlägt.
INSPEKTOR Dürfte ihm schwerfallen.

MAGGIE Klar, bei Ihren Methoden...
INSPEKTOR Nu mal langsam, geschlagen wird hier nicht.
MAGGIE Selbstverständlich. So wie Demonstranten nicht geschlagen werden. Wir bringen uns die Platzwunden bekanntlich selber bei.
INSPEKTOR *interessiert* Wir?
MAGGIE *lacht* Geständnis gefällig? Zwei Fliegen mit einer Klappe? Befragen Sie Ihren Computer, ich hoffe, ich bin drin.
INSPEKTOR *galant* Ich hoffe, nicht.
MAGGIE Bei Ihnen gespeichert zu sein, beweist einen Rest von Charakter.
PSYCHOLOGE Warum können Sie uns nicht ein bißchen helfen. Wir wollen lernen, Ted zu verstehen.
MAGGIE Er ist Ihr Gegenteil, Sie werden ihn nie verstehen. Sie brauchen Hilfe, nicht er.
INSPEKTOR Ich wüßte nicht, daß Herr Bayer oder ich einen Menschen umgebracht hätten. Das ist immerhin kein Verkehrsdelikt, oder reicht Ihr Unrechtsbewußtsein nicht, das zu begreifen? Gibt es noch irgendein Gesetz, das auch für Sie Gültigkeit hat? Nein, so bürgerlich sind Sie nicht. Sie haben Vorrechte! Eine Elite! Haben Sie sich mal die Mühe gemacht, das zu Ende zu denken? Was dann bleibt? – Anarchie. Ein Zustand, in dem Leute wie Sie und Ted als erste draufgehen.
MAGGIE *ruhig* Es gibt noch was andres als Ihre Vorschriften und Gesetze.
Was andres als Ihre Ordnung und Datenerfassung und Sauberkeit.
Was andres als Ihren Plutonium-Staat!
PSYCHOLOGE Das wäre?
MAGGIE *zögert kurz* Träume.
INSPEKTOR *lacht schallend* Eine mutige Antwort.
MAGGIE *ruhig* Wie lange haben Sie noch zu lachen – statistisch? Zwanzig Jahre? Kommen Sie mal mit auf eine archäologische Exkursion. Wenn wir freilegen, was von dem Gelächter übrig ist. Die Knochen, die Scherben, die stumpfen Waffen. Wo sind die Vorschriften abgeblieben, die unverbrüchliche Treue zum Staat? Alles Dreck, Sand, Erde, rausgeschaufelt, abge-

kratzt, weggebürstet. So ist das mit Ihren ewigen Werten: Lügen, Gelächter, Dreck. So will ich nicht leben. Und Ted auch nicht. Wir sind viele. Mehr als in Ihren schlimmsten Alpträumen.

INSPEKTOR Sie sehen mich beeindruckt, Fräulein Tetzner. Jetzt sind wir auch noch die Täter – wer soll Ihnen dieses Spielchen abkaufen!

MAGGIE *steht auf* Verbuchen Sie Ted auf Ihrem Konto. Auf der Haben-Seite.

Maggie geht zur Tür.

INSPEKTOR Wir sind noch nicht fertig.

MAGGIE Ich bin fertig mit Ihnen. *Geht ab*

INSPEKTOR Keine zehn Sekunden würde ich's aushalten mit der Frau.

PSYCHOLOGE Gesetzt den Fall, sie hätte recht?

INSPEKTOR Recht? *Zündet sich eine Zigarette an* Ich habe für vieles Verständnis. Ich halte mich für einen leidlich toleranten Menschen, der seine Kinder liberal zu erziehen versucht. Aber Recht und Gesetz – Recht und Gesetz, Bayer! Wer daran tastet. Herumdeutelt. Ausnahmen beansprucht... Der muß sich fragen lassen, ob er überhaupt einen Platz in unserer Gesellschaft will.

Träume. Wer hat die nicht... Diese Träume beginnen im Paradies und enden im Weltkrieg. Was zählt, sind Fakten. Objektive Fakten.

PSYCHOLOGE Wenn es sie gibt.

INSPEKTOR Mag sein: Ich habe wenig Phantasie. Aber dreißig Jahre Berufserfahrung sind auch was. Merschroth!

TED Roger. In Warteposition. Stop. Erbitte Anweisung. Stop. Ende.

INSPEKTOR Es geht um fünfundsiebzig ungeklärte Minuten.

TED Vielleicht war ich im Bahnhofskino.

INSPEKTOR Was für ein Film?

TED Keine Ahnung. Ich war ja nicht im Kino.

PSYCHOLOGE Deine Freundin war zu Hause?

TED Läßt sich einrichten.

INSPEKTOR Circa zehn Minuten Weg in die Trappentreustraße elf zu Fräulein Tetzner.

Ted läuft zu Maggies Wohnung.
INSPEKTOR Was haben Sie bei Fräulein Tetzner gemacht?
TED Was wohl.
INSPEKTOR In deinem Alter?
TED Was sich nicht beizeiten übt, hat im Alter ein Häkchen.
PSYCHOLOGE Deine Eltern wußten von der Beziehung?
TED Meine Mama heißt INPOL mein Papa heißt NADIS, sie fragen mich täglich: quo vadis, quo vadis. Dein ganzes Leben führen sie. Was sie nicht wissen, spüren sie. Geheimnisse? Elternliebe bringt sie an den Tag...
PSYCHOLOGE Wann?
TED Schon vergessen? Sonntags raus. Der blitzblanke Metallic.
Und dann rein in den Wald.
Und raus aus dem Wagen.
Und rein mit der guten Luft in die Lungen!
Tief atmen, mein Junge!
Und dann rein in den Wagen.
Und dann raus auf den Parkplatz.
Und rein ins Lokal.
Und rein mit dem Sauerbraten.
Und raus aus der Bude.
Und rein in den Wagen.
Und rein in den Stau.
Und raus zu Hause.
Und rein in die Wohnung.
Und ran an den Kaffeetisch.
Und rein mit dem guten Kuchen.
Und wenn wir da schon mal so hübsch beieinander flakken, dann spielen wir gleich: Ich weiß etwas, was du nicht weißt.
Im Spielort Wohnung haben die Eltern am Kaffeetisch Platz genommen. Ted kommt hinzu.
TED Ich geh nachher nochmal weg.
VATER Aha. – Darf man fragen, wohin?
MUTTER Er hat eine Freundin.
VATER Warum weiß ich das nicht?
MUTTER Eine Mutter spürt das.

VATER Wie alt ist sie denn?
TED Hab sie nicht gefragt.
VATER Kennen wir sie vielleicht? Oder ihre Eltern?
TED Maggie? Nicht verwandt und nicht verschwägert. Soweit ich weiß, auch nicht verheiratet. Sie nimmt die Pille.
VATER Ihr habt vielleicht einen Stil heutzutage. – Du könntest sie mal einladen.
MUTTER Dazu hast du ja ein eigenes Zimmer.
TED Sie hat 'ne Wohnung.
VATER Ach. – Das ist... günstig. Dann ist sie wohl schon älter? Ich meine –
MUTTER Dein Vater und ich – wir hatten ja buchstäblich keine Ahnung, fast, als wir uns kennenlernten...
VATER *steht auf* Tja. Dann fahr ich jetzt den Wagen in die Garage. *Geht ab*
MUTTER Ich will nicht in dich dringen, Teddy.
TED Tust du aber. Wann, glaubst du, hab ich zum erstenmal 'ner Frau zwischen den Beinen gelegen?
MUTTER *lacht unsicher, etwas hysterisch* Das weiß ich genau, Teddylein, du hattest fast acht Pfund und warst einundfünfzig Zentimeter!
TED *lacht* Das is' ja 'n Hammer!
MUTTER *lacht* Gebrüllt hast du wie ein Weltmeister!
TED *ruhig* Es ist zwei Jahre her, Mama.
MUTTER *ernüchtert* Da warst du fünfzehn.
TED Gut gezählt.
MUTTER Du hättest mit Vater darüber reden können.
TED Soll ich den Mann traurig machen...
MUTTER Sei nicht ungerecht. – Sie ist nicht zufällig deine Nachhilfelehrerin?
TED *pfeift* Du solltest 'n Detektivbüro aufmachen!
MUTTER Dafür bezahlen wir sie aber nicht.
TED Wär ja auch ganz schön fertig. Bin ich etwa nicht besser geworden – in Latein?
MUTTER *lacht leise* Da denkt man, ihr...
TED *steht auf* Tja, da denkt man, der Junge bimst Latein... – Ich geh jetzt.
MUTTER Geh, mein Kleiner. Komm nicht zu spät.

Ted geht zu Maggie. Die Mutter räumt das Geschirr zusammen, trägt es hinaus.
Ted setzt sich auf Maggies Bett. Maggie legt eine Platte auf: Schuberts Winterreise.
TED Keine weiteren Fragen. Ruhe. Jede Menge gute Ruhe. *Hört der Musik zu* Was'n das?
MAGGIE Winterreise. Schubert.
TED Wahnsinn. Der Typ hat's gut. Malt sich 'n paar schwarze Männchen auf die Notenlinien, und up up and away...
Maggie gibt ihm ein Glas Wein, kniet sich vor ihn, streichelt ihn.
MAGGIE Und wir?
TED Ich kann nich' ma' Noten lesen. Wir machen 'ne Reise in die Hitze. Du nimmst deine vorsichtige Schaufel und dein akademisches Eimerchen. Und dann ab zu den Pyramiden. *Streichelt sie*
MAGGIE Mitten durch die Wüste...
TED *legt sich zurück auf das Bett* Die Sonne im Sandkasten. Wir holen Ramses aus seinem Winterschlaf...
MAGGIE Er freut sich, uns zu sehen...
TED Wir stellen ihn auf die Füße, krabbeln hoch mit ihm auf die Pyramide... er braucht nämlich Höhenluft...
MAGGIE *legt sich auf das Bett* Ganz rauf, wo wir keinen Platz mehr haben, wo wir springen müssen...
TED Und Ramses schlägt die Augen auf. Er atmet tief! *Legt sich auf Maggie* Wir steigen auf seine Schultern, und er stößt sich ab ins Blaue, fliegt, über die Wüsten, die Gebirge, die Meere... bis nach Kanada!
MAGGIE Flieg!
TED Ramses fliegt! Jetzt ist der Himmel lila unter den goldenen Flügeln von Ramses...
MAGGIE Er hat keine goldenen Flügel.
TED Was wißt denn ihr Fachidioten! Klar hat er! Vierundachtzig Meter Spannweite, vierundachtzig Meter Gold. Die Sonne blitzt auf seinen Flügeln! Der Wind donnert! Ramses Superjumbo! Sssüüüüüüümm... Jaaa! Das grüne Land! Und Ramses golden drüber! *Er liegt still auf ihr.*
MAGGIE Gelandet in Kanada. Was jetzt?

TED *dreht sich mit ihr auf die Seite* Eine Menge Arbeit. Erst mal legen wir alle Kernkraftwerke still. Dann richten wir uns zwei, drei Bären zum Holzfällen ab. Abends kommen die Bären, tap-tap, tap-tap, und bringen die Stämme her. Ich bau dann das Haus. Natürlich helfen die Bären dabei, sie sind sehr geschickt und freuen sich, daß sie mal gebraucht werden. Ramses kümmert sich um die Windenergie. Da ist er Fachmann. Dann ist alles fertig. Und Ramses bereitet die Zeremonie vor.

MAGGIE Nein, er fliegt zurück, Kanada ist ihm zu kalt.

TED Nicht vor der Zeremonie. Du wirst meine Frau, ich werde dein Mann.

MAGGIE *lacht* Das fehlt grade noch!

TED Wir stehen zwischen vier großen Holzfeuern. Niemand kann uns sehen, wir flimmern in der Hitze! Ramses sagt: Ihr seid Sonne und Mond. Und aus dem lila Himmel streckt Moses seinen Bart und grunzt: Okay.

Maggie steht auf, streicht ihr Kleid glatt. Sie dreht die Platte um.

Sie steht jetzt in derselben Position wie im zweiten Akt.

MAGGIE Die Feuer sind niedergebrannt. Wir gehen ins Haus. Ramses startet zurück. Und im Haus –

TED Tun wir immer dasselbe.

MAGGIE Nie langweilig?

TED Nie. Manchmal kommt Ramses kurz rüber.

Auf 'ne Tasse Schnaps. Und erzählt vom tollen Leben in der Wüste.

MAGGIE Märchen, Ted.

TED Nix gegen Märchen.

PSYCHOLOGE *ruft* Du bist an diesem Abend zu spät nach Hause gekommen.

TED *setzt sich auf, schließt seine Hose* Ja, viel zu spät. Die Mutter will noch was zu essen machen, der Vater bietet Cognac an und Solidarität. Die Zeiten ändern sich, sagt er – und ändert sich nicht.

So kam ich aus der Fremde sonntagnacht
und hatte meine guten Eltern
um ihren Schlaf gebracht.

INSPEKTOR *scharf* Merschroth!
TED *schreckt zusammen* Vorhanden!
INSPEKTOR Montagmittag! Sie waren nach der Schule bei Fräulein Tetzner. Sie sind spät dran. Heute will ihr Vater mit Ihnen reden. Ihretwegen kommt er früher nach Hause!
Ted nimmt seine Tasche, läuft los zur Wohnung. Maggie geht ab. Die Musik bleibt.
TED Nicht meinetwegen. Weil er am Abend nach Rom fliegt. Das Essen stand warm. Auf dem Tisch Mutters üblicher Liebesbrief.
Ted ist in der Wohnung angekommen, wirft seine Tasche auf einen Stuhl, nimmt einen Zettel vom Tisch, liest.
TED Vater ist schon da und hat sich hingelegt. Bitte weck ihn um Viertel nach drei. Und keine laute Musik, ja? Guten Appetit. Ich bin in der Stadt. Gegen sechs zurück.
INSPEKTOR Dann haben Sie gegessen.
TED Wollen Sie wissen, was?
INSPEKTOR Kein Interesse.
TED Vielleicht is' es mir nicht bekommen. War Stoff drin... Sei'n Sie doch nicht so eng, wenn ich Ihnen schon mildernde Umstände anbiete...
INSPEKTOR Wir nähern uns. Nach dem Essen?
TED Mein Geschirr abgewaschen.
INSPEKTOR Was hast du gemacht?
TED Ein guter Sohn macht der Mutter gern 'ne Freude. Abgewaschen, abgetrocknet, eingeräumt.
Ted holt ein Handtuch, öffnet die Besteckschublade.
INSPEKTOR In der Besteckschublade lag das Fleischmesser.
TED Nun sind Sie aber mächtig froh.
INSPEKTOR Weich nicht aus. Du hast das Messer genommen.
Ted nimmt ein Fleischmesser aus der Schublade.
TED Zu Befehl.
INSPEKTOR Und?
TED Und es schwiegen die Herren Löffel. Und es schwiegen die Jungfern Gabeln. Und es war ein großes Schweigen in der Besteckschublade. Und der Herr trat nicht aus der Zimmerdecke, und sein Engel rief nicht: Okay, so weit so gut, Jungs, packt die Kameras ein, wir haben die Szene im Ka-

sten; niemand sagte: Bitte weitergehen, hier gibt's nichts zu sehen, gehen Sie bitte weiter! Nein: Isaac war beim Abtrocknen ganz solo, nicht mal sein Kaugummi schmatzte, und Musik hatte ihm die Mutter verboten, weil der Vater schlief...

INSPEKTOR Die Tour zieht nicht! Glaub bloß nicht, daß ich dich als Spinner durchrutschen lasse!

TED *spielt, was er beschreibt* Ich laß das Messer senkrecht auf den Boden fallen. Es bleibt mit der Spitze stecken im guten Parkett, zittert, kippt auf die Seite. Das Messer ist tot. Ich helf ihm. Ich heb's auf. Wie sieht das denn auch aus... Fleischmesser auf dem Parkett, wenn das deine Mutter wüßte, das Herz im Leibe tät ihr zerspringen.

Ich greif das Messer, schmeiß das Handtuch in die Luft. Und steche das Handtuch ab. Im Fall. Das geht leicht. Zieh's ab, werf's wieder hoch. Steche es ab. Hoch, ab. Tattattattatam...

Mach's gut Kamerad, du warst ein fairer Gegner. Abgeschmiert aus tausend Metern. Und hoch. Und ab.

Er hält das Handtuch am ausgestreckten Arm über sich.

PSYCHOLOGE Er hat das Handtuch geworfen.

INSPEKTOR Ihre Phantasie möcht ich haben.

TED Was wollt ihr noch? Ich kapituliere. Blablablabla... Bedingungslos. Verhandlungen. Rhabarberhabarber... Friede, Küßchen, Eierkuchen, jetzt beginnt das Leichensuchen.

Findst du deine, find ich meine,
findet endlich jeder seine...

INSPEKTOR Schluß mit dem Quatsch, Merschroth!

PSYCHOLOGE Schreien Sie nicht. Er hört Sie nicht. Rufen Sie lieber den Arzt.

TED Niemals hab ich Blut vergossen,
niemals einen totgeschossen,
niemals einen Mord begangen,
niemals einen aufgehangen,
innern Schweinehund besiegt,
wer sich selber unterkriegt...

INSPEKTOR *brüllt* Meerschrooth!

TED Unter jeder deutschen Eiche
    schlummert eine fremde Leiche.
   Die Musik wird laut und reißt ab.

   Blackout

Fünfter Akt

Ted, das zerstochene Handtuch um den Nacken gelegt, das Fleischmesser in der Hand, steht bei seinem Vater, der, mit dem Rücken zu Ted, auf dem Sofa schläft. Inspektor und Psychologe sehen nicht zu Ted hin. Die Schulklingel schlägt an, Dauerton, sehr laut. Ted holt mit dem Messer hoch aus. Hält kurz inne. Sticht dann mit dem Fleischmesser herab, in den Oberkörper des Vaters. Läßt das Messer los. Ergreift es wieder. Zieht es heraus. Hebt es hoch über sich. Sticht wieder zu, zieht es heraus, hält es in der Hand. Dreht sich nach vorn. Die Schulklingel aus. Zugleich sämtliche Spielorte, auch das Büro, im Dunkel. Ted, scharf isoliert, in einem engen Lichtkreis. Ted spricht über sich selbst in der ersten, zweiten und dritten Person. Die Wechsel sind deutlich zu machen. Während der Rede zieht Ted sich Kleider seines Vaters an.

TED Das weiße Hemd hat sich gespannt, wenn er
einatmete. Das Messer tief in das Handtuch.
Vielleicht auch nicht e r, vielleicht der
Atem des Sofas. Vielleicht das Messer in die
lebendigen Polster.
Ich lasse das Messer los. Oder greife es wieder?
Rief keiner: Lege deine Hand nicht
an deinen Sohn? *Läßt das Messer fallen.*
So still, daß du dir die Ohren zuhalten mußt.
Immer gehst du in der Wohnung. Lehnst am Türrahmen deines Zimmers. Ziehst dich ganz zurück
zwischen die sauberen Kacheln im Bad.
Guck mal zwischen deine Füße runter. Der weiße
Huf von einem großen Tier oder Fuß des Engels
mit glänzender Haut. Wenn er dich bloß nicht tritt.
Vor dem Spiegel? Das bin ich. Du bist das.
Du tastest mein Gesicht ab, ganz fest, daß
rote Flecken bleiben. Ich spüre unter dem
Fleisch die Form deines Schädels.

Da rief Ramses vom Himmel und sprach: Ted! Ted!
Er antwortete: Hier bin ich. Im Flur nimmt er
seinen Mantel von der Garderobe und zieht ihn
an. Denn er muß ja weg.
Bis Endstation Grödelshöhe. Von da noch mit dem Bus nach Grünweiler.
Schöner Wald. Die Lungen tief. Dennoch das
Messer. Wie sonntags, schöner, mal ohne Auto.
Ted? Ja. Auf beiden Füßen durch's Laub bis Unterweiler.
Gasthaus, eine Coke, und zurück.
Ein strenger Mangel an Wärme.
Teddy?
Ja doch, ich komm schon.
Fast sachlich Bis zu den Pyramiden schafft es Ted nicht mehr. Ted liegt im Automatenfach hinter Glas. Längs. Die Klappe zu. Wenn einer draußen Geld reinsteckt, kann er Ted haben. Aber man liegt da auch gut. Weil Ted weiß, daß ihn keiner hört, schreit er nicht. Ted weiß, daß er möglicherweise mit dem Messer in die teuren Polster oder in den Eigentümer der Polster gestochen hat.
Daß es der Eigentümer war, ist unwahrscheinlich. Dafür ist das Messer nicht scharf genug und nicht spitz genug. Der Eigentümer hingegen ist rostfrei.
Alles ist gut. Das Automatenrestaurant ist Tag und Nacht geöffnet. Die Fächer sind gefüllt. Ted kann zufrieden sein. Die Geldwechsler funktionieren einwandfrei. Bald wird Maggie kommen mit den Münzen und Ted aus dem Fach nehmen. Darauf freut sich Ted. Es ist, als ob er größer geworden wäre. Er wird morgen pünktlich in der Schule sein. Nicht fünf vor acht oder drei nach acht, nein, um acht wird er auf seinem Platz sitzen. Dem ihm zugedachten Tod geschickt zuvorgekommen. Sehr gut vorbereitet auf den Tag. Da fängt der Morgen gleich ganz anders an. Die Lehrer sind glücklich. Auch der Vater ist stolz.
Ted ist zum Vater ›verwandelt‹.

Blackout

Gert Heidenreich

Die Gnade der späten Geburt
Sechs Erzählungen. 1986. 146 Seiten. Geb.

Welches Wunder verbirgt sich hinter der »Gnade der späten Geburt«, jener Formel, mit der ein deutscher Politiker glaubte, historische Schuld tilgen zu können? Gert Heidenreich führt in der Titelerzählung dieses Bandes einen aus der Generation der »Schuldlosen« vor, dem diese Gnade abhanden kommt: Wer »in der Gnade« steht, der kann auch »aus der Gnade« fallen. Wie schon sein letzter Roman »Die Steinesammlerin« und wie seine Theaterstücke kreisen diese Erzählungen um das Thema der Wirkung einer Schuld aus der Vergangenheit auf Gegenwart und Zukunft.

»Die Gnade der späten Geburt« erzählt die Geschichte eines »Nachgeborenen«, der in die deutsche Vergangenheit, in die Zeit zwischen 1933 und 1945, ganz unvermittelt hineingezogen wird: Die Begegnung mit einer alten Frau, ihr Schicksal in der Nazizeit führt ihn in eine existentielle Krise – unvermutet ist er »betroffen« von einer geschichtlichen Situation, der er sich zuvor nie zu stellen bereit gewesen wäre. Die bloße Vermutung, daß einer an der Schuld teilhabe, reicht hin, um den Menschen »aus der Gnade« fallen zu lassen. Wer der Möglichkeit, zum Mörder zu werden, nur durch einen Zufall der Geschichte entronnen ist, hat nicht das Recht, letztlich seine Schuld zu reklamieren.

So geht es auch dem Schauspieler in der Erzählung »Die Kostümprobe«, der in die Uniform eines SS-Unterstrumbannführers zunächst nur mit äußerstem Widerwillen schlüpft, dann aber das Kleid der Henker zunehmend auf sich wirken läßt und der Gefahr erliegt, daran Gefallen zu finden.

Die Schuldfähigkeit des Menschen wird von Gert Heidenreich in einer seit Sartres Dramen nicht gekannten Radikalität als zentrale moralische Kategorie verstanden – die Realität von Macht schließt die Realität von Schuld ein, ohne Ausnahme. Diese Erzählungen stellen in einer bewegenden, poetischen Sprache unsere so leichtfertig beschworene Unschuld gründlichst in Frage. Die Bilder, die vor uns entstehen, lassen so leicht nicht los, schenken nicht die Gnade der Beliebigkeit – sie fordern eine Stellungnahme, sie rufen uns – ohne daß der Autor sich zum Richter aufschwingt – vor das Tribunal geschichtlichen Wissens und Gewissens.

PIPER

Jürg Amann

Ach, diese Wege sind sehr dunkel
Drei Stücke.
1985. 122 Seiten. Serie Piper 398

Die Baumschule
Berichte aus dem Réduit.
2. Aufl., 6. Tsd. 1982. 157 Seiten. Geb.
(Auch in der Serie Piper 342 lieferbar)

Nachgerufen
Elf Monologe und eine Novelle.
1983. 110 Seiten. Geb.

Patagonien
Prosa. 120 Seiten. Geb.

Robert Walser
Auf der Suche nach einem verlorenen Sohn.
Serie Piper Porträt. 1985. 79 Seiten mit 13 Abbildungen.
Serie Piper 5212

»Amanns Texte sind Kabinettstückchen, die außer Lust an der Form
Leid am Menschen verraten.« Niklas Frank/Der Stern

»Keine Frage – wir haben einen Autor vor uns, der minuziös beschreiben
kann und über ein hohes Maß an sprachlichem Können verfügt.«
Hans Christian Kosler/FAZ

Piper

Birgitta Arens

Katzengold
Roman. 7. Aufl., 43. Tsd. 1985. Serie Piper 276

»Katzengold« ist eine autobiographische Fantasie, eine kunterbunte Familienchronik, ein poetischer Roman. Wie die Märchenprinzessin Scheherazade und die Florentiner Adelsgesellschaft des »Decamerone« Geschichten erzählen auf Leben und Tod, so tun dies auch ihre späten Nachfahren: Großmutter und Enkelin aus einem kleinen Dorf im Westfälischen. Während jene jedoch ihre Märchen und Novellen vortragen, um den Wettlauf mit dem Tod erfolgreich zu bestehen, ist er bei diesen von Beginn an entschieden. Großmutter stirbt – doch mit ihr nicht die Erinnerung an ehedem, nicht die Lust der Enkelin, ihre Kindheit fabulierend an sich vorbeiziehen zu lassen.
Birgitta Arens fügt in ihrem ersten Roman Geschichten, Anekdoten und Erinnerungsfetzen zu einem Mosaik, das sich im Spiegelkabinett der Imagination bricht. Kolportage mischt sich mit Märchen und Mythos, die Litanei mit dem Leid, die Tragödie mit Slapstickelementen. Zeiten und Perspektiven wirbeln in bunter Folge durcheinander, Selbstreflexion verschmilzt mit Traumvisionen.

»Es ist ein Vergnügen, sich in diesem Buch und zwischen dessen Menschen zu bewegen – ein noch größeres: bei wiederholtem Lesen zu entdecken, wie sicher dieses Erzählnetz mit seinen Beziehungsmustern, Motiv-Rastern, Themenwiederholungen geknüpft ist.« Rolf Michaelis, »Die Zeit«

PIPER